LA

VISITE AU BAZAR.

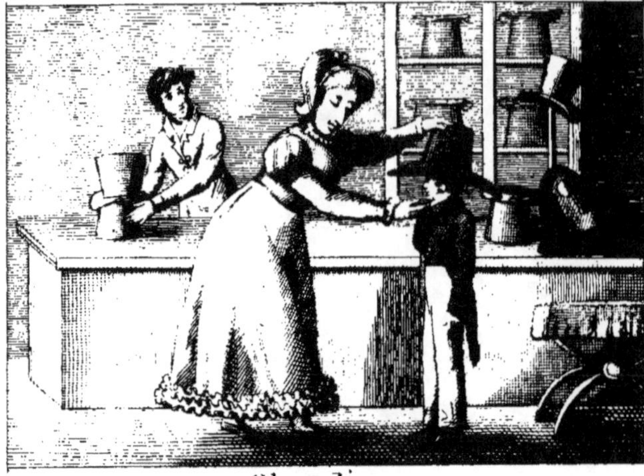

Chapelier.

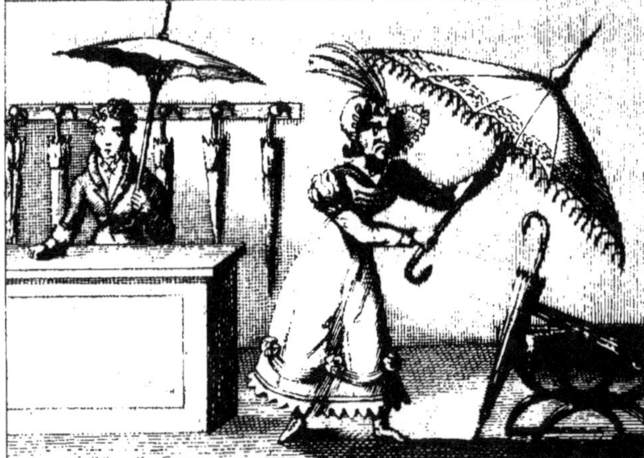

M^d de parapluies.

LA
VISITE AU BAZAR,

ou

ENTRETIENS

D'UN PÈRE ET D'UNE MÈRE

AVEC LEURS ENFANS

SUR L'ORIGINE DES ARTS ET LEURS PROGRÈS ;

Ouvrage destiné à l'instruction de la jeunesse.

ORNÉ DE HUIT GRAVURES.

Par A. DANBRI,

Auteur de la Mère institutrice et autres Contes
enfantins, etc., etc.

———

PARIS,

PIGOREAU FILS, Libraire, quai Voltaire, nº 5,

1824.

LA
VISITE AŬ BAZAR,

ou

ENTRETIENS

D'UN PÈRE ET D'UNE MÈRE

AVEC LEURS ENFANS

SUR LES PRODUCTIONS DE LA NATURE ET DES ARTS.

———

M. Dablainville, ancien magistrat, jouissait d'une fortune aisée, sans être considérable. Il faisait sa résidence habituelle dans une trés-belle terre qu'il possédait aux environs de Paris. Ses connaissances étendues

dans toutes les sciences l'avaient
mis à portée d'entreprendre de faire
lui-même l'éducation de ses enfans ;
et pour se livrer tout à loisir à cette
importante occupation, il s'était voué
volontairement à la vie privée. Madame Dablainville, douce, aimable
et vertueuse , n'avait pas d'autres
volontés, d'autres goûts que ceux de
son mari; elle ne s'estimait vraiment
heureuse qu'au milieu de sa famille;
elle mettait toute sa satisfaction ,
toutes ses jouissances, à bien remplir
ses devoirs d'épouse et de mère, et
par la douceur de son caractère et
l'aménité de ses mœurs elle faisait
le bonheur de tous ceux qui l'entouraient.

Ces dignes époux avaient cinq enfans, deux garçons et trois filles. Ils
voyaient avec un doux plaisir croître
sous leurs yeux ces chers objets de

leur constante sollicitude; ils s'étu-
diaient à développer leurs facultés
intellectuelles et à les diriger vers le
bien. Chaque jour, en voyant le zèle
qu'ils mettaient à répondre à leurs
soins, M. et madame Dablainville s'ap-
plaudissaient de leur avoir fait le sa-
crifice de l'état brillant que leur pro-
curait dans le monde une charge
éminente que M. Dablainville n'avait
due qu'à son mérite. Alexandre, l'aîné
de tous, avait douze ans; Clémentine
atteignait sa onzième année ; Emilie
entrait dans sa dixième, et Caroline
n'avait pas encore huit ans accomplis;
Alfred. le dernier, était encore à la
mamelle. Madame Dablainville le
nourrissait elle-même : elle n'avait
pas cru qu'il lui fût permis de se
dispenser de cette obligation que la
nature impose à toutes les mères ; et
Alexandre et ses sœurs avaient égale-

1*

ment été nourris de son lait. Ces charmans enfans , élevés par des parens qui ne leur donnaient que de bons principes et de bons exemples, ne pouvaient manquer d'ètre sages et obéissans; aussi n'avait-on que peu de défauts à leur reprocher ; encore n'étaient-ils, le plus souvent, que l'effet de l'étourderie naturelle au jeune âge.

Il ne servirait de rien de parler de leurs qualités corporelles : qu'importe, en effet, que des enfans soient blonds ou bruns, grands ou petits, beaux ou laids? quand ils sont d'un bon naturel, qu'ils ont bonne façon, qu'ils se présentent bien, et qu'ils sont polis , ils paraissent toujours agréables.

Alexandre , sous la direction de son papa , apprenait les langues grecque et latine, et y faisait de rapides progrès ; c'étaient les seules leçons qu'il reçût à part. Quant á celles de langue française, d'arithmétique, de géographie, d'histoire et de mythologie, elles lui étaient communes avec ses sœurs. M. Dablainville leur enseignait aussi les premiers élémens de l'histoire naturelle, de la botanique et de la chimie. Il était parfaitement secondé dans la plupart de ses travaux par madame Dablainville, femme beaucoup plus instruite que ne le sont ordinairement la plupart des personnes de son sexe. Les talens agréables n'étaient pas non plus négligés, et les enfans avaient des maîtres de dessin, de musique et de danse.

De temps à autre, l'heureuse famille se rendait à la capitale; ces promenades étaient, pour Alexandre et ses sœurs, des délassemens aussi utiles qu'agréables, par les sujets toujours nouveaux d'instruction qu'elles leur procuraient. Un jour qu'il y avait quelques amis à dîner chez M. et madame Dablainville, on vint à parler du Bazar, nouvel établissement formé depuis quelques années sur le boulevard.

« Papa , demanda Alexandre, » qu'est - ce que c'est donc qu'un » bazar? »

— « Mon cher enfant, répondit M. Dablainville, on nomme ainsi , » chez les Orientaux, de vastes bâ- » timens dans lesquels se tient une » sorte de foire perpétuelle : chaque » marchand y a une petite boutique » bien fournie de marchandises qui » dépendent de son état. Il y a en » Perse et en Turquie des bazars » d'une extrème magnificence. Celui » d'Ispahan surpasse en beauté tous » ceux d'Europe ; celui de Tauris

» est plus magnifique encore. Cons-
» tantinople possède deux bazars :
» l'un exclusivement destiné à la vente
» des armes, l'autre à l'exposition de
» tous les objets d'art et d'industrie.
» Londres a aussi son bazar. Celui de
» Paris, quoiqu'inférieur à ceux d'O-
» rient, mérite cependant notre cu-
» riosité. »

— « Nous serions charmés de le voir,
» dirent les enfans. »

— « C'est en quoi je consens volon-
» tiers de vous satisfaire, si votre
» maman n'a rien à y objecter, répli-
» qua M. Dablainville. Aussi bien elle
» et moi avons quelques emplettes à
» faire, et autant vaut les faire là
» qu'ailleurs. En visitant toutes les
» boutiques les unes après les autres,
» vous aurez occasion de vous ins-
» truire des produits de l'art et de
» l'industrie des hommes : ce sont des

» connaissances utiles que, suivant
» moi, l'on néglige trop de donner aux
» enfans; d'où il arrive qu'étant grands,
» ils ignorent des choses qu'il est
» impardonnable de ne pas savoir. »

Madame Dablainville approuva l'intention de son mari ; elle observa pourtant que cette visite demanderait plus d'une journée, et qu'en conséquence elle interromprait le cours des études de leurs enfans.

« Pour obvier à cet inconvénient,
» dit Alexandre, nous pourrons y
» employer le jeudi; c'est un jour de
» relâche pour nous, et ce genre de
» récréation ne sera pas moins amu-
» sant qu'un autre. »

Clémentine , Emilie et Caroline ayant appuyé l'avis de leur frère, il fut convenu que le lendemain , qui précisément était un jeudi , on commencerait la visite du bazar.

Ce jour-là, nos jeunes gens furent levés de bonne heure. Chacun se hâta de faire sa toilette, et descendit pour le déjeûner, que l'on avait tenu prêt une heure plus tôt que de coutume. Le repas achevé et la voiture attelée, on partit. Le chemin parut un peu long, tant l'empressement d'arriver était grand. Enfin la voiture s'arrête, on descend à la porte du bazar; on entre, et la première boutique qui frappe les yeux, est celle d'un

BIJOUTIER.

« Maman, maman! s'écrie aussitôt Emilie, arrêtons-nous un instant, je vous prie, pour regarder les bijoux exposés dans les montres de cette boutique. Voyez donc la jolie croix d'or, le beau collier de perles et les charmans bracelets de corail! si ces trois objets ne coûtent pas plus que je n'ai dans ma bourse, je vais les acheter. »

Clémentine. Je crois avoir lu, papa, que les perles viennent principalement de Ceylan, île des Indes orientales, et qu'on les tire d'une espèce particulière d'huîtres ?

M. Dablainville. Tu as raison, ma fille ; il n'y a que deux saisons qui soient propices à la pêche des perles : la première est en mars et en avril, la seconde en août et en septembre. Plus l'année est pluvieuse dans ce pays, et plus la pêche est abondante. La manière de se procurer les perles est assez singulière. Le plongeur se met du coton huilé dans les oreilles, et des pincettes au nez, pour que l'eau n'y entre pas ; il se passe sous les bras une corde dont l'un des bouts est fixé à son bateau ; puis il s'attache sur la poitrine une pierre de six pouces d'épaisseur et longue d'un pied, qui lui sert comme de lest : cette pierre empêche qu'il ne soit emporté par le mouvement des vagues, et le rend capable de marcher avec assurance et d'un pas ferme sous les eaux. Il se met aussi à chaque pied une pierre d'environ vingt livres pesant, au moyen desquelles il parvient rapidement au fond de la mer. Comme les huîtres sont fortement attachées après les rochers, et qu'il lui faut, pour les en détacher, employer la violence, il arme ses mains de gros gants de cuir, afin de les garantir des blessures qu'il s'y ferait infailliblement sans cette précaution. Ainsi équipé et muni d'un sac à réseaux, le plongeur descend au fond de la mer, quelquefois à plus de cent pieds ; alors il remplit son sac des huîtres qui donnent

les perles , et quand il manque d'haleine , il en donne le signal en tirant
la corde qui est liée sous ses bras ;
à l'instant on le remonte , et l'on retire ensuite le rets rempli de coquilles.
Ce manège peut durer environ un
demi-quart d'heure , tant à tirer le
réseau qu'à donner au plongeur le
temps de se reposer et de reprendre
haleine ; il retourne ensuite au fond
de la mer. Cette pêche dure sept à
huit heures , pendant lesquelles il
plonge une cinquantaine de fois.

Sur la côte de Saint-Domingue , où
se fait aussi la pêche des perles , les
jeunes nègres plongeurs se remplissent
la bouche d'huile de palmier, afin de
rejeter cette huile dans l'eau , ce qui
leur procure un moment de respira-
tion. Les plongeurs ne peuvent faire
ce métier que quatre à cinq ans de
suite; ils ne sont plus les maîtres de

retenir leur haleine à vingt-trois ans.

Caroline. Mais, papa, ces plongeurs doivent rencontrer souvent de ces énormes poissons qui mangent les hommes : est-ce qu'ils n'en ont pas peur? Pour moi, j'en serais fort effrayée.

M. Dablainville. Ces poissons sont trop à redouter pour qu'ils ne les craignent pas : aussi ils n'en voient pas plutôt approcher un, qu'ils secouent promptement leur corde pour avertir du danger qu'ils courent, et ceux qui sont à bord de la barque les retirent avec une célérité incroyable.

Emilie. Je sais que le corail se trouve dans la mer ; mais j'ignore ce que c'est et comment on le pêche.

M. Dablainville. Les coraux sont des ruches que se forment au fond de la mer certains insectes, et dont la matière est du genre de celle des coquilles. Le corail est mou dans l'eau et devient dur et pierreux dès qu'il en est sorti. La pêche s'en fait ordinairement dans la Méditerranée, le long des côtes de Barbarie. On se sert pour cette pêche, de deux grandes pièces de bois croisées, que l'on appesantit en mettant un poids de plomb au milieu. Les quatre parties de cette espèce de grande croix sont garnies de chanvre entortillé négligemment, de la grosseur d'un pouce, et à chaque bout est un filet en manière de bourse. On attache cet appareil à deux cordes, dont l'une tient à la proue ou tête, et l'autre à la poupe ou queue de la barque. Cette machine descend aisément par le moyen des poids, et on la laisse aller à tâtons au courant et au fond de l'eau, afin qu'elle s'engage sous les avances des rochers et qu'elle s'accroche aux branches du corail.

Lorsqu'on suppose que le corail est fortement embarrassé dans le chanvre, on emploie cinq à six hommes pour retirer la machine et arracher le corail qui s'est attaché à la filasse ou qui est tombé dans les filets. C'est sur les côtes d'Alger que les Français font leur pêche de corail.

Regarde, Emilie, ce superbe diamant! peux-tu me dire d'où on nous les apporte?

Emilie. J'ai ouï dire, papa, que c'était des Indes orientales et de l'Amérique du sud.

M. Dablainville. On ne t'a pas trompée. Cette pierre, objet de la vanité des hommes, appelée par les anciens *adamas*, mot grec qui signifie indomptable, parce qu'ils ne purent pas la travailler, est le plus dur de tous les corps produits par la nature. Elle se trouve dans le sein des rochers.

Alexandre. Il faut bien qu'elle se trouve encore autre part, puisqu'il y a deux fleuves d'Asie qui en charrient avec leur sable ?

M. Dablainville. Il est vrai ; mais cela provient de ce que prenant leurs sources dans des montagnes qui recèlent des mines de diamans, leurs eaux en entraînent fréquemment avec elles. Les mineurs creusent le roc jusqu'à ce qu'ils soient parvenus à une sorte de terre minérale dans laquelle le diamant est renfermé. Pour prévenir les larcins des ouvriers mineurs, que le grand prix qu'on attache à cette pierre précieuse pourrait engager à en dérober quelques-unes, on les oblige à travailler nus. Le plus gros diamant qu'on ait extrait de la terre, à notre connaissance, est celui que possède le Grand-Mogol, lequel pèse deux cent soixante-neuf carats. Le carat est de quatre grains.

Louis de Berquen, natif de Bruges , ville des Pays-Bas, a été l'inventeur de l'art de tailler le diamant. Il dut cette invention au hasard. De Berquen était un jeune homme bien né, jouissant d'une certaine fortune, et qui ne connaissait rien au travail de la pierrerie. Ayant éprouvé que des diamants s'entamaient lorsqu'on les frottait un peu fortement l'un contre l'autre, il en prit deux, les monta sur du ciment, les aiguisa l'un contre l'autre, et ramassa soigneusement la poudre qui en tomba ; ensuite s'aidant de certaines roues de fer qu'il fit faire exprès, il parvint, par le moyen de cette poudre, à polir parfaitement le diamant et à le tailler comme il le jugeait convenable.

ALEXANDRE. Je ne fais point de doute que les diamans ne soient magnifiques ainsi que toutes les pierres précieuses ; mais pour le présent ces joyaux sont trop chers pour moi ; je me contenterai donc, sous votre bon plaisir, papa , d'acheter à chacune de mes sœurs des bracelets en corail.

Les trois demoiselles choisirent en conséquence des bracelets et d'autres petits bijoux dont leur maman leur fit cadeau , puis elles passèrent au comptoir suivant , tenu par une

MARCHANDE LINGÈRE.

Clémentine appela l'attention d'E-milie sur une femme courte , grosse et grasse , qui s'informait du prix de quelques mousselines que la marchande lui faisait voir. « Six francs » l'aune ! disait-elle d'une voix gla-» pissante , en ouvrant de grands » yeux et en étendant la main. Vous

» n'y songez pas. Eh quoi ! je puis
» acheter aussi beau et aussi bon que
» ça, dans toutes les boutiques, à
» moitié moins. Assurément vous me
» prenez pour une imbécille, de me
» demander tant d'argent pour votre
» mousseline? » En achevant ces mots,
elle s'en alla, toujours grommelant,
et grandement offensée à l'idée qu'on
l'avait surfait, quoique la marchan-
dise qu'elle avait rejetée lui eût été
laissée au plus juste prix.

Madame Dablainville pria la marchande de lui montrer de la batiste ;
et tandis que celle-ci en dépliait
des pièces, elle demanda à Caroline
si elle se souvenait du pays où se
fabriquaient les plus belles batistes ?
La petite fille hésita à répondre ; alors
sa maman chargea Clémentine de l'en
informer.

CLÉMENTINE. La batiste se fabrique

dans plusieurs parties de la France, mais principalement dans la province connue ci-devant sous le nom de Flandre française. Celle de Cambrai est la plus estimée.

M. DABLAINVILLE. A merveille, Clémentine; je vois avec satisfaction que ce que l'on t'a appris une fois se grave dans ta mémoire. Maintenant, Emilie, serais-tu capable de nous dire avec quoi l'on fait cette toile si fine?

EMILIE. Si je ne me trompe pas, papa, c'est avec du fil de lin.

M. DABLAINVILLE. Vous êtes toutes deux de charmantes filles, et je me propose de vous récompenser l'une et l'autre d'après les connaissances que vous déployerez dans le cours de notre visite au bazar.

Le lin croît dans presque toutes les parties de la France : aussitôt qu'on l'a recueilli, on le réunit en petites bottes ; puis on le met tremper dans l'eau , où on le laisse quelque temps rouir , afin de le rendre plus facile à briser ; alors on en rompt les brins avec un instrument de bois , et l'on sépare les chenevottes de l'écorce qui doit se filer. La filasse , ainsi dégagée de la tige à laquelle elle était attachée , doit, avant d'être employée, subir encore une préparation. L'on se sert, à cet effet , d'un instrument appelé *séran.* Cet instrument est une petite planche hérissée de pointes de fer que l'on assujétit sur un gros billot : on prend des poignées de filasse grossière , et on les fait passer à travers les pointes du séran, à peu près comme on fait passer les cheveux à travers les dents d'un peigne pour se peigner. Les pointes aiguës du séran divisent les fils grossiers en plusieurs fils plus menus ; quand ils sont devenus aussi fins, plus fins même qu'un cheveu, on les file au rouet en un fil de la grosseur convenable à l'emploi qu'on en veut faire. Le plus fin sert à fabriquer la dentelle et la batiste.

Il est assez singulier que les Romains qui, par suite de leurs conquêtes, devinrent le peuple le plus adonné au luxe, n'aient pas découvert l'art de faire le linge avec le lin ou le chanvre, plante de la même espèce, mais plus commune. Leurs vêtemens les plus magnifiques, brodés de pourpre et d'or, n'étaient tissus que de laine ; ce qui a fait dire à Voltaire, au sujet de Tullie, la belle, l'incomparable fille de Cicéron, le plus grand de tous les orateurs anciens et modernes, que la plus simple des dames françaises l'emportait de beaucoup, pour l'élégance de la toi-

lette, sur les dames romaines. En effet, ces dernières ne portaient ni bas
ni linge, privation dont nous nous
croirions bien faiblement dédom-
magés par leurs riches sandales liées
avec des cordelettes d'or, ou leurs
pompeuses robes attachées avec des
ceintures de diamans.

Caroline. Oh! quel beau schall!
papa, je voudrais que mes sœurs en
eussent chacun un pareil.

M. Dablainville. De tels schalls
sont d'un prix trop élevé pour que
je puisse me permettre de leur faire
un semblable cadeau. On les fabrique
dans le pays de Cachemire, province
du royaume de Caboul, en Asie,
d'où leur est venu le nom qu'on leur
donne. Ils sont tissus avec le poil extrêmement fin et très-soyeux de la chèvre
angora, animal indigène des régions
chaudes. Nous avons essayé vaine-

ment de les imiter ; toutes nos tentatives, jusqu'à ce jour, ont échoué.
Nos peines n'ont pourtant pas été
complètement perdues , car elles
nous ont servi au moins à perfectionner autant que possible ce genre d'industrie en France. Mais je m'aperçois que votre maman a fini ses emplettes , ainsi venez voir la boutique
du

BIMBELOTIER,

ou

MARCHAND DE JOUETS D'ENFANS.

Plusieurs enfans entouraient son
comptoir. Un joli petit garçon, l'i-
mage de la santé et du bonheur, se
délectait en traînant un chariot. Son
frère, de l'âge d'environ sept ans, l'œil
moins satisfait, écoutait d'un air
maussade les avis de sa sœur aînée,

à laquelle il répondait : « Je te dis,
» Sophie, que je veux un tambour,
» et je l'aurai. Tu n'ignores pas qu'on
» m'a donné la permission d'acheter
» tout ce que bon me semblera ?

» Oui, Charles, je le sais, répliqua
» la jeune personne avec douceur;
» mais ne prends pas de tambour, je
» t'en prie; le bruit que tu ferais avec
» romprait la tête de notre pauvre
» maman déjà si malade, et trouble-
» rait son repos.

» Oh! ne le prends pas, Charles,
» cria une charmante petite fille, au
» teint de lys et de rose, ne le prends
» pas, si Sophie dit que non. Imite-
» moi plutôt en te conformant comme
» moi à ses idées pour dépenser ton
» argent.

» Libre à toi, Héloïse, répondit
» Charles en murmurant; mais je
» dépenserai mon argent à ma fan-

» taisie. Un tambour me plaît, ainsi
» je contenterai mon envie. »

Effectivement le jeune Monsieur
acheta un tambour. Ses sœurs ayant
fait choix des joujoux qui leur con-
venaient, les remirent aux mains
d'un domestique, et tous ces enfans
s'en allèrent.

Caroline. Voilà un petit garçon
bien grossier et bien désagréable,
qui ne ressemble guère à ses sœurs!

Mme Dablainville. Je pense comme
toi, mon enfant. Il faut que ses
père et mère l'élèvent mal, autrement il se serait rendu aux sages
avis de sa sœur, qui a donné des
preuves évidentes de son bon cœur
et de sa sensibilité par sa prévenante
attention pour la santé et le repos
de sa mère. Il est fort à craindre
qu'une mauvaise éducation jointe à
des dispositions si peu aimables, ne

fasse de ce garçon, par la suite, un bien méchant sujet.

En ce moment Alexandre et ses sœurs s'approchèrent, avec une curiosité mêlée de joie, du bimbelotier, pour examiner les jouets que contenait sa boutique. Monsieur et madame Dablainville jouirent un instant de l'embarras où leurs enfans se trouvèrent en se voyant au milieu d'une si grande quantité de joujoux. Ils ne savaient auxquels donner la préférence; ils en mettaient un de coté, puis le rejetaient de suite parce qu'un autre leur paraissait plus agréable. Pour être pleinement satisfaits, ils eussent volontiers emporté toute la boutique. A la fin, cependant, il leur fallut se décider. Après avoir balancé quelque temps, ils firent un assortiment de ceux qui les flattaient le plus. Leur petit frère ne fut point oublié ;

3*

il eut pour sa part une poupée de carton avec un joli petit chien blanc dont le cou était entouré d'un collier doré. Le choix de Caroline était tombé sur un âne chargé de ses deux paniers remplis de plantes potagères, et sur une boîte délicatement peinte renfermant des arbres, une cabane de berger, un berger, son chien et son troupeau de brebis.

« Sais-tu, lui dit son père, d'où viennent ces sortes de jouets ? »

Caroline. Non, papa.

M. Darlainville. Hé bien, nous les tirons de la Hollande, où on les fabrique à beaucoup meilleur marché qu'ils ne nous coûteraient à établir dans notre pays. Mais ce sont peut-être les seuls objets de cette sorte que l'étranger nous fournisse, et vous ne sauriez croire combien l'art de faire ces bagatelles, et le débit qu'on

s'en procure, forment un commerce
considérable. Non seulement il s'en
consomme beaucoup à Paris et dans
les départemens; on en expédie aussi
beaucoup chez l'étranger et dans l'A-
mérique espagnole. On fait d'assez
grands profits sur toutes ces belles
poupées qu'on envoie toutes coiffées
et richement habillées dans les cours
étrangères, pour y porter les modes
françaises des habits soit des dames.
soit des cavaliers.

Tout rayonnant de plaisir de leurs
nouvelles acquisitions, les petits Dablainville quittèrent la boutique du
bimbelotier pour passer à celle du

PATISSIER,

que leur appétit leur avait fait lor-
gner avec convoitise.

Une jeune demoiselle fort élégam-

ment mise, mangeait une crême près
du comptoir, tout en riant de voir
un. petit garçon s'efforcer de faire
entrer d'une seule fois une brioche
toute entière dans sa bouche.

« Pourquoi, petit sot, lui dit-elle,
» vous agrandir la bouche de la sorte?
» Ne pouvez-vous manger moins glou-
» tonnement? Vous risquez de vous
» étouffer en vous y prenant ainsi.
» Mettez votre brioche en morceaux,
» et ne faites pas comme l'autre jour
» à dîner, où vous remplîtes tellement
» votre bouche que vous pensâtes être
» suffoqué ; malheur qui vous serait
» infailliblement arrivé, si Marie ne
» vous avait retiré promptement le
» morceau de pâté qui vous étran-
» glait. »

Caroline. *A voix basse.* Chère maman, le vilain défaut que la gourmandise! Je suis sûre que ce petit

garçon ne donnerait pas à sa sœur même une faible part de son gâteau pour tout au monde. Les meilleures choses n'auraient pourtant aucun attrait pour moi, si je ne les partageais avec mes frères et mes sœurs.

Mme. Dablainville. Je vous loue de cette qualité, Caroline, et je vous connais assez pour pouvoir répondre de vous dans l'occasion. Mais, mes chers enfans, faites-vous servir tout ce qui vous fera plaisir, car vous avez besoin de prendre des forces pour continuer notre promenade.

Sitôt que nos enfans se furent restaurés, ils tournèrent leurs pas vers la boutique d'un

FACTEUR D'INSTRUMENS DE MUSIQUE.

Une demoiselle de seize à dix-huit ans, y était assise, tenant devant elle une harpe dont ses doigts parcouraient légèrement les cordes pour en essayer les tons. Son jeune frère, debout un peu plus loin, faisait courir ses lèvres sur un chalumeau ou syrinx.

Alexandre témoigna à son père l'envie d'avoir ce dernier instrument.

M. Dablainville. Je consens, mon fils, à satisfaire ton désir, à condition que tu me diras quelle en est l'origine, et pourquoi les anciens lui ont donné le nom de syrinx.

Alexandre. Le dieu Pan devenu éperdùment amoureux d'une nymphe de la suite de Diane, appelée Syrinx, la suivait partout. Celle-ci, pour se dérober aux poursuites du satyre, se réfugia auprès du fleuve Ladon, son père, qui la métamorphosa en roseau. Pan ayant observé que les roseaux agités par le vent produisaient un son harmonieux, en joignit quelques-uns ensemble , et en forma un pipeau champêtre , qu'il nomma syrinx.

« Ayez la bonté de me passer ce chalumeau , dit M. Dablainville au marchand ; ce jeune homme que vous voyez l'a gagné en m'expliquant la cause du nom qu'il porte. » Puis il le présenta à son fils , qui le reçut avec un double plaisir , parce que ce présent était accompagné des louanges d'un père chéri , et d'un sourire d'approbation d'une mère adorée.

M. et madame Dablainville chargèrent le marchand d'envoyer chez eux un couple de tambourins pour Clémentine et Emilie , et un triangle pour Caroline; après quoi ils entrèrent chez le

MARCHAND DE MUSIQUE

qui occupait la boutique suivante.

(34)

L'examen de sa collection ne les
occupa pas longtemps , car les deux
demoiselles Dablainville aînées , déjà
fort avancées sur la harpe et le piano ,
possédaient un grand assortiment de
musique , dont une partie avait appar-
tenu à leur mère avant son mariage.
Madame Dablainville acheta cependant quelques airs nouveaux , et des
chants sacrés qu'elle savait être très-
beaux , dans le dessein de les faire
chanter à Clémentine et à Emilie
devant leur grand-papa lors de sa
prochaine visite.

Justement , comme ils quittaient le
marchand de musique , l'espiègle Caroline partit d'un grand éclat de rire ,
en montrant du doigt la boutique d'un

CHAPELIER

qui leur faisait face.

Madame Dablainville vit de suite la cause de la subite gaieté de sa fille ; et quoiqu'elle-même ne pût réprimer un sourire qui , malgré elle , vint se placer sur ses lèvres , elle l'avertit de ne plus donner cours à l'avenir, d'une manière si publique , à ses démonstrations de joie , de peur de blesser la susceptibilité de quelqu'un.

Les objets qui avaient excité le rire immodéré de Caroline , étaient une femme du commun , de taille courte, mais d'une épaisseur choquante , et un jeune garçon , mince comme un fuseau , qui se tenait droit et roide comme un piquet, les bras tendus et serrés contre ses hanches, et les mains plaquées contre ses cuisses. La mère employait toutes ses forces et suait à grosses gouttes, pour faire entrer sur la tête de son fils un chapeau évidemment trop étroit. La structure maigre

et grêle du fils contrastait si comi-
quement avec l'empleur démesurée
de la mère, qu'il était difficile, pour ne
pas dire impossible, de n'en pas rire.

« Vous voyez bien, ma mère, qu'il
» est trop petit pour moi, criait le
» garçon en ouvrant une bouche fen-
» due jusqu'aux oreilles, et qu'il ne
» pourra pas m'aller. D'ailleurs, il
» n'est pas à la mode, et je le vou-
» drais pareil à ceux que portent tous
» les jeunes gens du bon ton.

» Qu'ont de commun avec vous,
» Thomas, les gens du bon ton ? lui
» dit sa mère, en redoublant d'efforts
» pour enfoncer le chapeau petit-à-
» petit ; vous savez que votre père est
» un honnête tailleur, qui ne travaille,
» à la vérité, que pour les gens comme
» il faut, mais qui n'en est pas plus
» gros seigneur pour cela. Ce chapeau
» est très-propre et vaut ce qu'il coûte ;

» ainsi vous l'aurez , Thomas. Je ne
» prétends pas perdre mon argent à
» vous procurer de la friperie.

» Mais il ne va pas à ma tête , ma
» mère, se récria le garçon , pleurant
» presque de dépit de n'avoir pas un
» chapeau à la mode.

» Encore un coup , Thomas, répliqua la mère , si vous n'êtes pas
content et si vous murmurez davantage, je vous trousserai votre jaquette
sitôt que nous serons de retour à la
maison. Eh quoi ! ce chapeau vous
sied à merveille , il vous coiffe comme
un bijou , jamais vous ne m'avez paru
plus brave et plus joli. S'il vous des-
cendait plus bas , il gâterait la forme
de vos oreilles ; mais je vois ce que
c'est , vous les voudriez sans doute
avoir comme celles de notre voisin
le beau monsieur de Mondésir, dont
les oreilles pendantes ressemblent à

celles d'un âne , parce qu'il met toujours son chapeau derrière elles. Je n'entends pas cela, moi, je veux que vous ayez les vôtres collées contre votre tête. »

Tout le temps qu'avait duré ce colloque, la pauvre Caroline avait eu bien de la peine à garder son sérieux ; mais aux derniers mots elle se mordit les lèvres et se tourna promptement d'un autre côté pour ne pas éclater de nouveau, ce qui aurait fâché sa maman. Elle ne se tira de la pénible contrainte qu'elle éprouvait, qu'en priant son frère de l'instruire des matières qui entraient dans la composition des chapeaux.

ALEXANDRE. Je pense qu'ils sont faits de poil de différens animaux , n'est-ce pas, papa ?

M. DABLAINVILLE. Oui, mon ami : celui du castor est le meilleur et le

préféré ; mais la rareté et par conséquent la cherté de la fourrure de ce
petit animal qu'on ne trouve que dans
les pays lointains, et dont on a presque détruit l'espèce à force de le
chasser, ont obligé nos fabricans à
n'employer plus que les poils du
lièvre et du lapin. Ils se servent cependant encore, mais pour les chapeaux communs, de la laine de vigogne, sorte d'animal du Pérou,
qui tient du mouton et de la chèvre.

On n'a pas toujours, comme vous
le présumez bien, porté des chapeaux.
Les Gaulois, nos ancêtres, au rap-
port de César, n'avaient, la plupart,
sur la tête, qu'une touffe de cheveux
qui la défendait contre le froid et
contre les blessures. Les habitans de
Langres portaient un capuchon de
laine grossière ; ceux de Saintes se
servaient d'un bonnet particulier

qu'ils nommaient *birrum*, et qui, peut - être, fut le *beret* ou *baret* des Béarnois et des habitans des Landes. Le cap et le chaperon firent pendant longtemps partie du costume des Francs. Vinrent ensuite l'élégant capelet, la riche toque, le grave mortier, et enfin le chapeau proprement dit. L'introduction du chapeau en France remonte jusqu'au règne de Charles VII, qui, en 1449, fit venir le premier d'Angleterre, où il était d'un commun usage depuis plus d'un siècle. Il ne faut pas demander combien de formes lui firent prendre nos caprices depuis son origine, car elles ont varié à l'infini : de toutes ces formes, la plus bizarre et la moins commode est celle du chapeau à trois cornes. On ne conçoit pas comment une pareille coiffure a pu être imaginée chez un peuple renommé par son goût et son ancienne civilisation ; on chercherait en vain chez les sauvages les plus grossiers, pour y trouver rien de plus ridicule. Le chapeau rond, plus élégant, plus convenable à la forme de la tête, est aussi plus commode : il abrite le cou, ombrage le visage, et favorise la vue. La haute forme qu'on lui a donnée a aussi son utilité ; elle peut garantir contre les accidens, et contient un volume d'air qui empêche la tête de trop s'échauffer.

Emilie, connais-tu l'oiseau qui fournit ces plumes si belles et si légères qui servent de parure à la coiffure des femmes, aux chapeaux des militaires et aux casques des acteurs sur le théâtre, comme aussi pour orner les dais d'église ?

EMILIE. Nous les devons, je crois, à l'autruche.

M. Dablainville. Tu ne te trompes pas ; je ne doute point que vous ne soyez curieux tous de connaître ce singulier bipède.

L'autruche , oiseau d'Afrique, est la plus grande de toute la gent volatile. Sa hauteur égalerait celle d'Alexandre sur un cheval. Son cou est très-allongé, sa tête fort menue, l'un et l'autre couverts de poils au lieu de plumes. Son corps , très-petit en comparaison de sa taille , est monté sur des cuisses sans plumes jusqu'au genou et sur des jambes très-hautes, qui se terminent en pieds de cornes , mais avec de très-fortes griffes. Ses aîles, trop courtes , ne lui permettent pas de s'élever dans les airs ; elle en use comme de voile pour accélérer sa course, aidée d'un vent favorable. Cet oiseau, d'un naturel très-sauvage, s'apprivoise cependant à force de soins; on parvient même à le monter comme un cheval. On a vu une jeune autruche porter deux nègres à la fois sur son dos avec plus de rapidité que le plus léger coursier.

Les plumes d'autruche se blanchissent et se teignent en diverses couleurs. Celles des mâles sont les plus recherchées, parce qu'elles sont plus larges, plus épaisses, et qu'elles prennent mieux la couleur que celles des femelles.

Mais rapprochons-nous de votre maman, et suivons-la chez le

MARCHAND DE DENTELLES

où elle paraît avoir l'intention d'acheter ce beau voile qu'elle tient dans ses mains. Cette élégante, mais fort dispendieuse partie de l'habillement des dames, a été portée, par les

Belges ou habitans des Pays-Bas, à son plus haut point de perfection. Les dentelles de Malines, d'Anvers, de Louvain, de Gand et sur-tout de Bruxelles, passent pour les plus magnifiques et ne laissent rien à désirer. Les Anglais, peuple imitateur, sont parvenus à imiter, quoique très-imparfaitement, la dentelle de Bruxelles; mais le cordon et la bordure des fleurs n'a pas de solidité; ces fleurs se détachent très-promptement des fonds, qui ne sont pas solides.

Clémentine. Nous avons aussi des dentelles françaises, car mes garnitures de robes et mes fichus en sont.

M. Dablainville. Oui, ma fille, et j'allais te le dire si tu ne m'eusses pas interrompu. La dentelle qui sort de nos fabriques ne peut que difficilement soutenir la comparaison avec celle des manufactures belges. Ce-

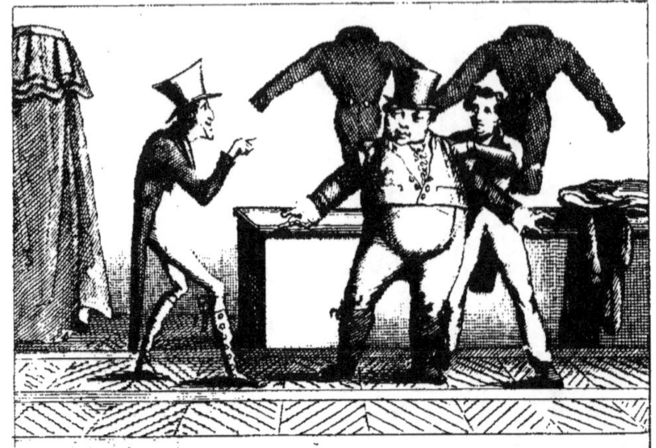

Tailleur.

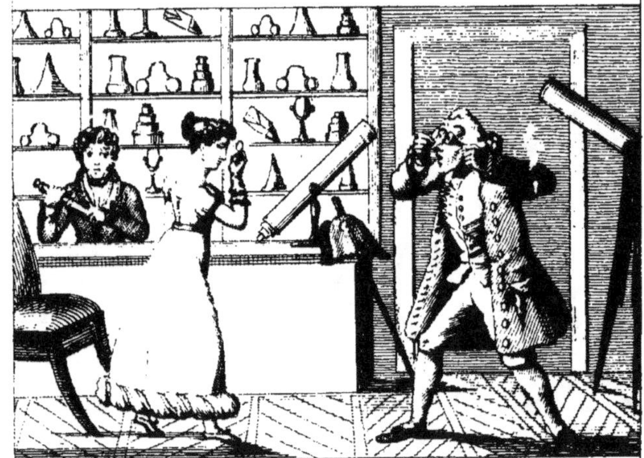

Opticien.

pendant on en fait à Valenciennes, à Dieppe, au Hâvre et à Caen, qui ne sont pas sans mérite. Cet ouvrage manuel, car il est bon que vous sachiez qu'il est presqu'entièrement le produit du travail des mains, occupe une grande quantité de pauvres gens, qui ne subsistent que de la vente de cet article.

ALEXANDRE. Regardez donc, papa, je vous prie, ce vieux monsieur, grand et mince, qui essaye des lunettes ou besicles chez

L'OPTICIEN.

Comme il semble mécontent et chagrin ! comme sa figure s'allonge à chaque nouvelle paire qu'il prend ! apparemment il n'en trouve pas de convenables à ses yeux affaiblis ?

EMILIE. Considérez aussi cette jeune

personne à la mine éveillée ; ne dirait-on pas qu'elle s'égaie aux dépens du vieux monsieur , car elle le fixe d'un air malin à travers un lorgnon. Je ne pense pas que ce soit sa petite fille.

M. Dablainville. Il n'est pas probable , non plus, qu'elle ait l'intention de s'en faire un objet de risée : au reste , les jeunes gens ne sauraient être trop circonspécts sur les libertés qu'ils se permettent quelquefois à l'égard des personnes plus âgées qu'eux. Alexandre , serais-tu assez savant pour nous indiquer l'époque de la découverte des lunettes ?

Alexandre. Elles ont été inventées entre les années 1280 à 1311 , par un Florentin, nommé Salvino Degli Armati.

M. Dablainville. L'art de l'opticien ou lunettier est sans contredit un des plus précieux à l'humanité. C'est par le secours de cet art que des verres taillés d'une certaine manière raniment la vue des vieillards à moitié éteinte ; que celle qui est trop courte devient plus étendue ; que nous pouvons apercevoir ce qui est trop éloigné de nous ; que nous découvrons dans le sein de la nature des êtres qui semblaient devoir à jamais être imperceptibles pour nous : enfin quand nos besoins sont satisfaits, ce même art fournit encore des amusemens très-dignes de notre curiosité.

Les lunettes pour les vieillards ont des verres convexes, celles pour les vues courtes les ont concaves. Je ne vous expliquerai pas les raisons de cette différence, parce qu'il me faudrait entrer dans des détails trop longs qui nous prendraient par conséquent trop de temps : je préfère remettre cette explication à un moment où nous aurons plus de loisir.

Clémentine. Oh ! quel télescope l'opticien a sur son comptoir ! il est d'une belle dimension !

M. Dablainville. Ne pourrais-tu pas nous dire comment on a trouvé cet instrument, qui nous a fait faire de si grandes découvertes en astronomie?

Clémentine. Son invention a été, en quelque sorte, enfantée par le hasard. On rapporte que les enfans d'un lunettier de Middelburg en Zeeland, nommé Jacques Métius, jouant dans la boutique de leur père, tenaient entre leurs doigts deux verres de lunettes à quelque distance l'un de l'autre, à travers lesquels la girouette du clocher de l'église leur parut beaucoup plus grande que de coutume et comme tout près d'eux , mais renversée : ils en parlèrent à leur père qui , ayant vérifié le fait , conçut aussitôt l'idée de fixer ces deux verres dans des cercles de cuivre , disposés de manière à pouvoir être rapprochés ou éloignés à volonté , et par ce moyen il put voir les objets plus distinctement.

M. Dablainville. Cet événement arriva en l'année 1590 : on n'est pas tout à fait d'accord sur le nom de l'inventeur , car on en a également attribué la découverte à un certain Jean-Baptiste Porta, noble napolitain, et au célèbre Galilée , astronome du grand duc de Toscane, qui cependant ne fit que le perfectionner. On lui doit le télescope à réfraction, comme à l'immortel Newton celui à réflexion. Dans son origine, le télescope n'avait pas au-delà de huit pouces de longueur.

Alexandre. Papa, quelle est cette machine posée à côté du télescope?

M. Dablainville. C'est un microscope ; cette lunette amplifie et présente d'une manière commode à l'œil de l'observateur les objets les plus petits. La poussière qu'on voit sur le fromage et les fruits secs s'anime au microscope, et est bientôt reconnue pour une multitude d'animaux réguliers, bien organisés, voraces, et qui se dévorent entre eux. Cet instrument précieux a été imaginé par le Hollandais Zacharie Jeanson ou Joannidès, d'autres disent par Drebbel, paysan du Nord-Hollande.

Parmi les différens microscopes appliqués à différens usages particuliers, il faut remarquer le microscope solaire : une puce écrasée s'y voit grosse comme un mouton; les plus petits insectes qu'on puisse saisir dans

les eaux croupies s'y présentent avec
des formes et des variétés qu'on ne se
lasse point d'admirer. L'invention en
est due au docteur allemand Liéber-
kunhs. Le baromètre et le thermo-
mètre sont deux instrumens également utiles : le premier nous indique
les changemens de temps, le second
les degrés de chaleur et de froid.

Caroline. Oh ! voyez donc, maman, la laide grimace que fait cette
vieille femme en examinant avec une
stricte attention, et les yeux dessus,
chez le

MARCHAND DE PARAPLUIE ET DE
PARASOL,

cette jolie ombrelle de soie bleu la-
pis ! elle aurait bon besoin, je pense,
d'emprunter une paire de lunette à
l'opticien pour en découvrir les dé-

fauts. Avançons-nous plus près, je vous prie, je suis curieuse d'écouter son discours.

Comme Caroline promit de se contenir et de garder son sérieux, quelque chose plaisante qu'elle pût entendre, madame Dablainville se rendit à son désir, et elles s'approchèrent de la petite vieille qui tournait et retournait le parasol de tous côtés, en disant :

« Vingt-six francs, M. Bates ! y pensez-vous, de demander à une personne comme moi de vous donner vingt-six francs ? si vous en voulez vingt francs, je le prendrai, quoiqu'il me paraisse un peu passé. »

Le marchand l'assura qu'il ne pouvait accorder son ombrelle à moins qu'il ne l'avait fait ; mais qu'une en coton lui coûterait moins cher.

» Une en coton, vraiment ! non .

noŭ, je ne suis pas encore si pauvre que je ne puisse acheter une ombrelle en soie, si cela me fait plaisir ; mais je ne veux pas mettre à celle-là le prix que vous me demandez ; ainsi, bon-jour M. Bates.

Mme Dablainville. Dans tous les climats chauds, où les ardeurs du soleil sont insupportables, même aux naturels du pays, on a imaginé, pour se procurer de l'ombre et une fraîcheur relative à celle que donnent les arbres dont la tête forme le parasol naturel, d'imiter la nature et de se mettre à l'abri du hâle sous un couvert mobile qu'on peut porter avec soi : aussi les Indiens et tous les Orientaux ne marchent-ils jamais sans parasol. Il n'y a guère plus de cinquante à soixante ans que l'usage s'en est introduit en France, où il sert à deux fins : à garantir du soleil et de la pluie. Ce meuble si utile a reçu, depuis son introduction, bien des modifications. Les fabricans se sont efforcés, à l'envi, de lui donner la forme la plus commode et la plus convenable ; ils ont employé aussi, pour le couvrir, des étoffes plus belles et plus fines, car on les faisait jadis de cuir, de toile cirée, de paille et de gros taffetas. Les ombrelles, sorte de petits parasols très-légers, que nous avons adoptées des Anglais et nommées comme eux, sont de mode tout-à-fait récente. Puisque nous en sommes sur les ombrelles, je réfléchis que la tienne a besoin d'être renouvelée, car elle contraste désagréablement avec celles de tes sœurs : choisis-en donc une à ta fantaisie.

Il ne faut pas demander si la petite s'empressa d'obéir à sa maman ; on sait trop combien l'enfance aime tout ce qui est nouveau. Et après avoir recueilli les avis de son frère et de ses sœurs, elle se décida pour une ombrelle à manche d'ivoire, et couverte de belle soie cœur de pensée. Cet achat fait, leurs regards se tournèrent vers la boutique d'un

VANNIER.

Mme. DABLAINVILLE. Remarque, Clémentine, la différence d'expression peinte sur la figure de ces deux petites filles : vois comme ce cher petit chérubin semble heureux et content avec son petit panier tout neuf sur le bras, et quelle moue fait sa sœur aînée qui, n'ayant pas encore trouvé ce qui lui convient, tend sa main avec impatience pour que le marchand lui montre d'autres paniers que ceux qu'elle a dejà vus.

CLÉMENTINE. Les paniers sont faits d'osier et de saule, n'est-ce pas, maman ?

Mme. DABLAINVILLE. Oui, ma fille. Le vannier les enjolive en entremêlant le bois blanc de bois teint de diverses couleurs. La forme des paniers varie à l'infini, suivant l'usage auquel on les destine. L'utilité et la commodité reconnues de cet ustensile l'ont fait adopter presque généralement dans tous les pays, et l'on s'est plû à en perfectionner l'art. Deux paniers vous seront probablement nécessaires pour mettre des fruits et des biscuits ; ainsi je vais vous les acheter.

M. DABLAINVILLE. Quand vous serez servi à votre gré, nous irons considérer les jolies boîtes de ce

MARCHAND DE NÉCESSAIRES.

Viens ici, Emilie, et dis-moi pourquoi l'on donne le nom de nécessaires à ces élégans coffrets, arrangés avec tant de symétrie sur le comptoir du marchand.

Emilie. C'est qu'ils servent à renfermer toute sorte de petits objets d'une nécessité journalière presqu'indispensable. Ceux destinés à renfermer les joyaux se nomment écrins.

M. Dablainville. On emploie le plus communément, pour faire ces charmantes boîtes, qui exigent de la délicatesse dans le travail, les bois les plus durs, tels que le buis, l'acajou, l'érable, le gayac, l'ébène, le bois de rose et le bois violet, et l'on se sert de préférence des racines, parce qu'elles ont encore plus de dureté que le corps de l'arbre, ce qui les rend susceptibles d'un plus beau poli, et que d'ailleurs elles présentent à l'œil un effet agréable par la multiplicité et la variété de leurs veines.

Ah! voici un nécessaire d'une forme singulière! il imite, à s'y méprendre, l'écaille de la tortue. Combien cette boîte, je vous prie?

Dix francs, monsieur, répliqua une jeune femme dont la figure aimable était fort engageante.

M. Dablainville paya la somme demandée et emporta le nécessaire.

Qu'en voulez-vous faire, mon ami, lui dit madame Dablainville?

Je le destine, répondit-il, à celui qui l'aura le mieux mérité.

Ils s'arrêtèrent ensuite devant la boutique du

FLEURISTE.

Nos jeunes demoiselles furent saisies de ravissement à la vue des fleurs de toute espèce qu'elles avaient sous les yeux. Elles se crurent un moment transportées au milieu du plus riche parterre, tant l'imitation de la nature était parfaite. Elles ne se lassaient point d'admirer les guirlandes dont on garnit les robes de bals ou que l'on met sur les cheveux, ni les bouquets dont les dames ornent leurs toques, leurs chapeaux et le ur sein.

« Quoi de plus beau que ce bouquet de bouton de rose, de myrthe et de geranium, s'écria madame Dablainville! quelle fidèle copie de la nature! A quelque distance ne s'imaginerait-on pas que ces fleurs sont véritables? Si le sort m'eût placée dans une classe où pour subvenir aux besoins de mon existence il m'eût fallu prendre un métier, je crois que j'aurais préféré cet état à tout autre. C'est un petit genre de peinture, car les nuances et les teintes doivent être disposées par la main du goût.

M. Dablainville. En effet, on peut en quelque sorte considérer comme peintre celui qui représente la nature dans toutes ses perfections par le moyen des fleurs et des plantes artificielles ; qui, par l'étendue de son art et des agréments qui en résultent, offre à nos yeux une imitation de ce que les plus belles saisons de l'année produisent de plus agréable, et qui rend parfaitement bien les fleurs les plus fragiles de tous les temps et de tous les pays. Cet art, très-ancien à la Chine et en Italie où la plus grande partie de la noblesse l'exerce avec honneur, et qu'en France on n'a cultivé avec soin et avec succès que dans ces derniers temps, exige beaucoup de dextérité, de science et de talent, et surtout une grande exactitude à considérer la nature, parce qu'il ne suffit pas de connaître la grandeur, la couleur et la découpure d'une fleur, il faut encore observer très-attentivement les divers états par où elle passe, parce que l'ignorance des changemens qu'elle subit depuis qu'elle commence à poindre jusqu'à ce qu'elle soit entièrement flétrie, empêcherait de la copier au naturel : il faut encore étudier les nuances des différentes verdures qui se trouvent dans les branches d'une fleur, les diverses sinuosités que ces branches forment; ce qui demande plus de talent et de soin qu'on ne pense.

Mme. Dablainville. J'aime à encourager l'humble mérite ; ainsi, mon ami , si vous ne vous y opposez pas , j'ordonnerai au marchand de faire porter à notre maison quelques-unes de ces agréables productions.

Caroline. Maman , je conviens que les fleurs sont belles ; mais je trouve encore plus beaux les petits oiseaux chanteurs , et avec votre permission j'irai regarder ceux de cet

OISELEUR.

Papa , quel est le nom de ce grand oiseau ? ne me fera-t-il pas de mal , dites ? ses yeux annoncent la méchanceté.

M. Dablainville. Non , ma mignone , il ne te fera pas de mal , si tu t'en tiens cependant à quelque distance. Cet oiseau , qu'on ne trouve

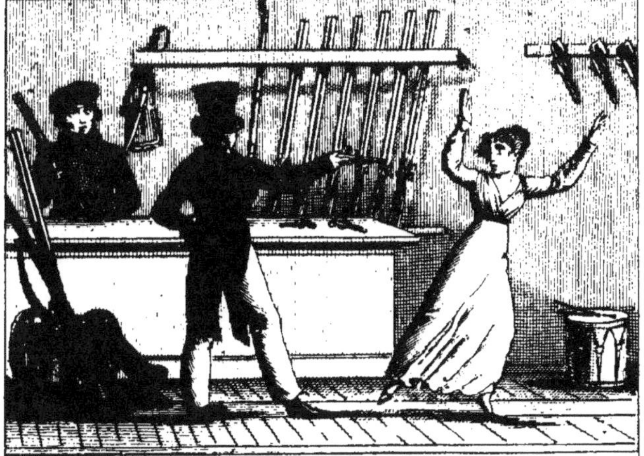

Armurier.

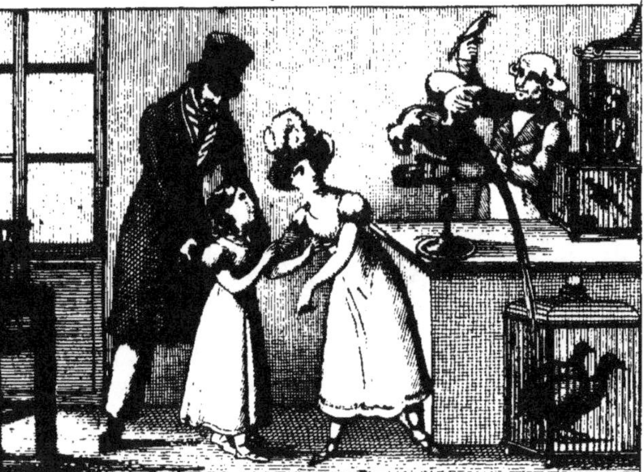

Oiselier.

qu'à la Jamaïque, dans la Guinée et le Brésil , est le macao ou ara vert , le plus grand de l'espèce des perroquets. Aussi beau que rare , il est encore aimable par ses mœurs sociales et la douceur de son naturel. Il se familiarise bientôt avec les personnes qu'il voit fréquemment ; il aime leur accueil , leurs. caresses , et semble chercher à les leur rendre ; mais il repousse celles des étrangers, il ne connaît que ses amis. Il est jaloux particulièrement des enfans : s'il en voit un sur son maître ou sa maîtresse, il cherche aussitôt à s'élancer de son côté en étendant les aîles ; mais comme il n'a qu'un vol court et pesant, et qu'il semble craindre de tomber en chemin, il se borne à lui témoigner son mécontentement par des gestes et des mouvemens inquiets, par des cris perçans et redoublés , et il continue son tapage jusqu'à ce qu'il plaise à son maître ou à sa maîtresse de quitter l'enfant. Ainsi que tous les autres perroquets, il se sert très-adroitement de ses pattes pour saisir et retenir les fruits et les autres morceaux qu'on lui donne, et pour les porter ensuite à son bec, comme aussi pour se suspendre et s'accrocher.

Caroline. Oh! quel petit oiseau! il n'est pas plus gros qu'une mouche.

M. Dablainville. Aussi l'a-t-on nommé l'*oiseau-mouche* à gorge rouge ou le rubis. Il est de l'espèce des colibris, les plus petits oiseaux qu'il y ait au monde. Sa longueur a moins de trois doigts y compris le bec. Sa gorge a le brillant et le feu du rubis, d'où lui est venu son nom; vu de côté, il s'y mêle une couleur d'or, et en dessous ce n'est plus qu'un grenat sombre; le

dessus du corps est d'un vert doré ,
changeant en couleur de cuivre rouge.
La poitrine et le devant du corps sont
mêlés de gris blanc et de noirâtre. Rien
n'égale sa vivacité et sa légèreté, si ce
n'est son élégance et son éclat. A peine
la lueur de l'éclair est-elle plus fugitive
que son vol , et plus éblouissante que
ses couleurs. Ce charmant petit oiseau
ne prend jamais sa nourriture qu'en
voltigeant , et suspendu sur la fleur
dont il extrait les sucs. Son courage
ou plutôt son audace a de quoi surprendre. On le voit poursuivre avec
furie des oiseaux vingt fois plus gros
que lui , s'attacher à leur corps et se
laissant emporter par leur vol , les
becqueter à coups redoublés, jusqu'à
ce qu'il ait assouvi sa petite colère.
Naturellement impatient , s'il approche d'une fleur et qu'il la trouve
fanée , dans son dépit il l'arrache, la

jette sur terre, et quelquefois même la met en pièces.

Une chose à remarquer, c'est que les oiseaux étrangers à notre continent, si vifs, si brillans en couleur, sont presque tous privés de l'agrément du chant, qui donne un charme particulier à nos bois et à nos bosquets, avantage bien précieux qu'ont sur eux les nôtres; aussi les préférai-je, malgré le peu de beauté de leur plumage. En effet, quand on entend la voix exquise du rossignol, le chant mélodieux du rouge-gorge, les tendres accens de la linotte, le doux sifflement du merle et le gazouillement agréable de nombre d'autres oiseaux, dont les chants journaliers semblent s'élever en actions de grâces vers le trône du Créateur, peut-on regretter qu'ils ne soient pas plus agréables à la vue qu'il ne le sont? Nous en avons

cependant quelques-uns qui pour-
raient, pour la beauté, le disputer à
ceux d'Amérique ; tels, entr'autres, le
chardonneret, le martin-pêcheur, le
rouge-queue, le pigeon, le faisan et
le paon : ce dernier surtout, à mon
avis, les surpasse tous.

Mme. DABLAINVILLE. Des beautés de
la nature nous allons retourner aux
beautés de l'art, car nous voici devant
le magasin d'un

MARCHAND DE PORCELAINE.

Je ne crois pas qu'aucune manufacture étrangère ait jamais fait rien
de plus parfait pour l'exécution, ni
d'un dessin plus élégant que ces
vases à fleurs ; la peinture en est admirable. Voyez ces roses ! ne vous
paraissent-elles pas, comme à moi,
d'une vérité frappante ? Et ce pay-

sage, en peut-on trouver de plus correctement exécuté, et où les ombres et les clairs soient plus rigoureusement observés?

M. Dablainville. Je pense comme vous, ma chère amie; et il est vrai de dire que notre manufacture royale de Sèvres fabrique aujourd'hui une porcelaine égale en solidité et supérieure en beauté à tout ce que l'on a vu jusqu'à présent de plus parfait chez l'étranger; mais il n'y a pas très-long-temps que nous sommes parvenus à cette perfection. Les Orientaux sont de temps immémorial en possession de l'art de fabriquer cette espèce de poterie blanche et demi-transparente. Si l'on en croit les relations que nous avons de la Chine, sa porcelaine, qu'on nomme *thsky*, en ce pays-là, y a été connue de toute antiquité, quoiqu'on ignore le nom de l'inventeur, ainsi que l'époque de sa découverte. Les Japonais sont ceux qui paraissent avoir surpassé tous les autres dans cet art : ce sont eux qui ont toujours fabriqué la plus belle porcelaine : aussi l'ancienne porcelaine du Japon est-elle encore la plus estimée de toutes. Ce n'a été que dans le siècle dernier, que le hasard en fit connaître en Europe la composition. L'art de peindre sur porcelaine est poussé à son dernier période, dans la manufacture royale de porcelaine de France, établie à Sèvres, à deux lieues de Paris.

Pendant que son papa parlait , Alexandre, tout en l'écoutant , regardait une dame de moyen âge, qui marchandait chez un

COIFFEUR

une perruque de cheveux blonds , et

paraissait consulter d'un air inquiet le marchand , pour connaître son sentiment sur la sorte de chevelure qui convenait le mieux au teint de sa figure. Papa , dit-il , aussitôt que M. Dablainville eut achevé , les Français ont-ils toujours porté des perruques ?

M. Dablainville. La mode s'en est établie en 1620. La longue chevelure était , chez les anciens Gaulois , une marque d'honneur et de liberté. César , qui leur ôta la liberté , leur fit couper les cheveux. Chez les premiers Français et dans les commencemens de notre monarchie , la longue chevelure fut particulière aux rois et aux princes du sang ; les autres sujets portaient les cheveux coupés court autour de la tête : on prétend même qu'il y avait des coupes plus ou moins hautes , selon le plus ou moins d'infériorité dans les rangs ; mais les longues chevelures furent principalement défendues à ceux qui embrassaient l'état ecclésiastique. Aujourd'hui, on porte les cheveux longs ou courts sans conséquence ; et il fut un temps où , dans nos villes , ils avaient presque entièrement disparu pour faire place aux perruques. Cet habillement de tête y était devenu si ordinaire par sa commodité, que , dèslors , les cheveux ont fait un objet de commerce.

Quoique les faux cheveux fussent connus des anciens Romains , l'usage en est cependant très-moderne en France. Les premières perruques étaient très-simples et composées de peu de cheveux : depuis , on passa dans une autre extrémité. Les perruques tressées que l'on portait sur la fin du règne de Louis XIV, étaient d'un volume et d'un poids considérables. Vous pourrez vous en faire une idée en regardant les portraits de Boileau , de Racine ou de Molière , dont j'ai les œuvres dans ma bibliothèque. A présent que les perruques ne servent plus qu'à suppléer au défaut de chevelure naturelle, eu à cacher les cheveux blanchis par l'âge ou la maladie, l'art a cherché dans leur forme à copier la nature, et l'imitation est quelquefois si parfaite, qu'on y est trompé.

On tire les cheveux blonds des pays septentrionaux , et les cheveux noirs des pays méridionaux. Ceux de femme sont plus recherchés que ceux d'homme, parce qu'ordinairement leurs chevelures ne sont point exposées à l'air comme celles des hommes.

Après la boutique du perruquiercoiffeur, se trouvait celle d'un

BOTTIER CORDONNIER,

chez lequel une jeune femme, d'une physionomie intéressante, essayait à son nourrisson une paire de souliers de maroquin rouge.

« Les hommes étaient bien à plaindre, dit Emilie, quand, faute de connaître l'art de faire les souliers, ils étaient obligés d'aller nu-pieds, au risque de se les blesser avec les pierres et les cailloux qu'on trouve à chaque instant sous les pas! »

M. Dablainville. Les hommes ont senti de bonne heure le besoin de parer à cet inconvénient de la nature : de là est venue l'invention de la chaussure. Chez les peuples policés, on s'est appliqué à la rendre aussi commode qu'agréable. Elle a beaucoup varié depuis son origine, soit pour la forme, soit pour la matière qu'on a employée à cet usage. Les Egyptiens ont eu des chaussures de papyrus (1) ; les Espagnols, de genèt tissu ; les Indiens, les Chinois et d'autres peuples, de jonc, de soie, de lin, de bois, d'écorce d'arbre, de fer, d'airain, d'or et d'argent. Les Grecs et les Romains avaient des chaussures de cuir. Nous avons adopté cette dernière matière, qui est la plus propre à mettre les pieds à l'abri de l'humidité sans les gêner. Le cuir de veau, de cheval, de chèvre, sert à faire le dessus des souliers et des bottes, et celui de bœuf, de vache, le dessous ou la se-

---

(1) Plante qui naît dans les marais de la Basse Égypte ; c'est de l'écorce intérieure lde cette plante que les anciens fabriquaient eur papier.

melle. Pour les femmes, qui ont les pieds plus sensibles, plus délicats que les hommes, on emploie les cuirs les plus minces, et des étoffes, telles que le satin, la soie, la prunelle, le nanquin, etc.

Alexandre. Mais je ne conçois pas qu'on ait pu faire usage des peaux, car il me semble que l'air doit les sécher et les durcir?

M. Dablainville. Il est vrai que les peaux dont les premiers hommes se servaient, soit pour leurs vêtemens, soit pour leurs chaussures, se durcissaient ou se retiraient en se séchant; leur usage était aussi incommode que désagréable : on trouva peu-à-peu le secret de les rendre plus souples, plus maniables, plus flexibles, par le moyen de certains apprêts. Tchin-Fang, un des plus anciens empereurs de la Chine, fut le premier qui apprît à ses sujets l'art de préparer les peaux et d'en ôter le poil avec des rouleaux de bois. Avant de se servir des peaux, les sauvages les font macérer dans l'eau, les râclent ensuite, les assouplissent à force de les manier et de les frotter avec de la graisse, les rendent moins spongieuses et les mettent à l'épreuve de l'eau en les exposant quelque temps à la fumée. Voici notre méthode pour les apprêter : elle est moins simple, mais elle produit un plus heureux résultat.

Avant de pouvoir être employé, le cuir a passé entre les mains du tanneur et du corroyeur. Le tanneur prend les peaux telles qu'on les ôte de dessus le corps des animaux ; il les nettoie à l'eau courante, les met ensuite dans une cuve en bois ou une fosse en pierre, remplie d'eau de chaux qui a jeté son feu, et les en retire

au bout d'un certain temps pour en
arracher le poil au moyen d'un cou-
teau de bois qui ne coupe ni du
milieu ni des talons , ou pour le
mieux , d'une pierre à aiguiser; puis
il les replace à trois reprises différentes dans autant de cuves également
pleines d'eau de chaux plus ou
moins vive; après quoi il les rince ,
les couvre de tan , poudre faite avec
l'écorce de chêne broyée , qui a la
propriété d'augmenter la force du
cuir , et les couche les unes sur les
autres sur des lits épais de tan , dans
une fosse qu'il remplit ensuite d'eau.
Tout ce travail dure deux ans. En
sortant de chez le tanneur , ces cuirs
sont remis au corroyeur , qui , après
les avoir trempés , foulés et râclés ,
les imbibe de suif pour les rendre
plus doux, plus lisses. Ainsi préparés,
ils sont mis en œuvre par les cordon-

niers, les selliers et les bourreliers.

En ce moment, des cris perçans, partis de la boutique d'un

ARMURIER,

interrompirent. M. Dablainville. Il jeta les yeux de ce côté, et y courut incontinent, suivi de sa femme et de ses enfans. Un jeune homme d'une quinzaine d'années, ayant pris inconséquemment un pistolet, et dirigé l'arme meurtrière contre le sein de sa sœur, à-peu-près du même âge, l'avait effrayée au point de lui faire pousser les cris qui avaient fait accourir la famille Dablainville à son secours. Madame Dablainville tranquillisa par degrés l'esprit de la pauvre jeune fille, tandis que son mari faisait de vifs reproches au frère sur son badinage déplacé.

« Il faut que ma sœur soit bien sotte , dit le jeune homme , ou bien innocente, pour ignorer que les armes destinées à être vendues ne sont jamais chargées. »

Cela peut être vrai , lui répondit M. Dablainville; mais vous devriez savoir qu'il y a toujours du danger à se faire un jeu de quelqu'arme que ce soit. Tant d'accidens arrivent chaque jour par une conduite aussi inconsidérée que la vôtre , que je suis surpris qu'une personne raisonnable, comme vous semblez l'être , n'ait pas craint de s'exposer à blesser , soit les sens, soit le corps de son pareil.

La demoiselle , suffisamment rassurée de la peur qu'elle avait eue, pour remercier madame Dablainville et ses filles de leurs aimables soins, retira l'arme des mains de son frère et s'en alla.

M. Dablainville. Il n'y a pas à douter que c'est le besoin de se garantir contre les attaques des bêtes féroces, et par suite contre les envahissemens de voisins ambitieux, qui aura fait naître l'idée des armes. Les premières dont l'homme se servit, furent les pierres et le bois. Il les employa d'abord telles que la nature les lui présentait. Bientôt il imagina de faire durcir des bâtons au feu et de les aiguiser ; il créa la fronde pour lancer les pierres au loin, et l'arc pour atteindre à une grande distance avec le morceau de bois auquel il avait donné une forme meurtrière : vinrent ensuite, lorsqu'on eut découvert le fer, la lance, l'arbalète et l'épée. A l'exception de la lance et de l'épée toutes ces armes ont disparu depuis l'invention de la poudre à canon.

L'arc semble remonter à l'origine du monde. On l'a trouvé en usage même chez les peuples les plus grossiers. Les Grecs attachaient un grand prix à l'arc et à l'habileté avec laquelle on s'en servait : ils en avaient armé une partie de leurs dieux , l'Amour , Apollon , Diane. Nous voyons dans l'Odyssée, Pénélope, femme d'Ulysse, roi d'Ithaque, promettre d'épouser celui de ses amans qui se montrera le plus adroit à l'exercice de l'arc. Louis XI en abolit l'usage dans les troupes françaises vers l'an 1480.

On croit que les Phéniciens ont été les inventeurs de la fronde. Ce fut l'arme avec laquelle David combattit et vainquit Goliath. Les Romains, qui empruntaient les armes de tous les peuples , eurent des frondeurs. Les modernes les admirent également dans leurs armées , et nous avons continué à nous servir de la fronde longtemps encore après qu'on eut abandonné l'arc.

La lance paraît avoir été imaginée par les Etésiens.

Elle est passée des anciens aux modernes, et devint l'arme la plus noble dont se servait un chevalier : dans les tournois il rompait des lances en l'honneur de sa dame. Nous avons encore aujourd'hui des régimens de cavalerie qui portent la lance, d'où leur est venu le nom de lanciers.

Presque toutes les nations se servent de l'épée. Les historiens font honneur de son invention à Bélus, roi d'Assyrie et père de Ninus. Les Grecs n'avaient que de courtes épées : un Lacédémonien disait que *c'était pour en frapper l'ennemi de plus près.* Les épées de nos anciens chevaliers avaient des noms propres : celle de Charlemagne s'appelait *Joyeuse ;* celle de Roland, *Durandal ;* celle d'Ogier, *Courtin ;* celle de Renaud, *Flamberge.* C'est de cette dernière que nous vient le proverbe : *mettre flamberge au vent,* pour signifier, tirer l'épée du fourreau. Un homme de cœur rend volontiers une sorte d'hommage à l'épée d'un héros : don Pedro de Toléna, ambassadeur d'Espagne, rencontrant un jour au Louvre un officier qui portait l'épée d'Henri IV, s'arrèta, mit un genou en terre, et la baisa en disant : *Rendons cet honneur à la plus glorieuse épée de la chrétienté.*

Le secret de la poudre à canon fut trouvé, dit-on, en 1380, par Berthold Schwartz, cordelier, natif de Fribourg, et appelé le Moine Noir. Mais il faut que quelque composition à peu près semblable ait précédé cette découverte , car avant cette époque on employait déjà les canons aux siéges des villes fortifiées , et l'on voit cette arme terrible figurer , en 1346 , à la bataille de Crécy.

L'invention de la bombe suivit de près celle du canon. On la doit à Sigismond Pandolphe Malatesta, prince de Rimini , mort en 1457. L'effet de la bombe est terrible. Charles XII, roi de Suède , dictait , dans Stralsund assiégée , des lettres à un secrétaire : une bombe tomba sur la maison où était le prince, perça le toît, et vint éclater près de la chambre même de Charles XII. La moitié du plancher tomba en pièces. Au bruit de la bombe, et au fracas de la maison qui semblait s'écrouler , la plume échappa des mains du secrétaire. *Qu'y a-t-il donc ?* lui dit le roi avec tranquillité , *pourquoi n'écrivez-vous pas ?* Celui-ci ne put répondre que ces mots : *Eh, Sire, la bombe !* — *Hé bien , reprit le roi, qu'a de commun la bombe avec la lettre que je vous dicte ? continuez.*

A l'arc des anciens succéda l'arquebuse , espèce de fusil qui se bandait ordinairement avec un rouet, et avait une petite ouverture pour communiquer le feu à la poudre. Cette arme ne parut en France qu'au commencement du 15e. siècle , sous le règne de Louis XII. Le mousquet , autre sorte de fusil , qu'on ne pouvait tirer que par le moyen d'une mèche allumée , date à peu près du même temps. Aujourd'hui les seules armes en usage sont le fusil , le mousqueton , la carabine et le pistolet. Vous connaissez tous le fusil et le pistolet. Le mousqueton et la carabine ne diffèrent du fusil qu'en ce que l'un est plus court, et l'autre rayée dans l'intérieur du canon.

Mme. DABLAINVILLE. Excusez-moi, mon ami, si je vous interromps; mais vous savez que les armes des femmes sont le fuseau et l'aiguille, et que les instrumens de guerre ne sont pas d'un grand intérêt pour elles; ainsi, sauf votre meilleur avis, nous irons, mes filles et moi examiner, ces belles plantes, l'orgueil de nos maisons de campagne.

M. DABLAINVILLE. Votre observation est juste; je suis fâché d'avoir prolongé si longtemps une dissertation qui ne devait point, à la vérité, avoir d'attrait pour vous. Je suis donc prêt à vous suivre.

Oh! Maman, quel charmant aspect nous présente cette boutique de

MARCHANDE DE FLEURS ,

dit Emilie en approchant, et quelle odeur délicieuse s'en exhale !

Mme. DABLAINVILLE. Vous croyez, peut-être, mes enfans, que toutes ces fleurs sont indigènes, et qu'elles croissent toutes naturellement dans notre pays ? Hé bien, vous vous trompez. La plupart, et ce sont les plus riches en couleur et en parfum, nous ont été apportées originairement de l'Asie, de l'Afrique et de l'Amérique. Un grand nombre de ces plantes se sont fort bien naturalisées dans nos contrées ; mais beaucoup aussi ne peuvent être élevées dans nos climats , plus froids que ceux où elles naissent en pleine terre, qu'avec des soins particuliers et par le moyen des serres-chaudes.

(88)

Emilie. Voulez-vous m'expliquer, maman, ce que vous entendez par serre chaude?

Mme. Dablainville. C'est une pièce par bas, bien calfeutrée et exposée au midi pour qu'elle ne soit pas humide, dans laquelle on rentre, aux approches des froids, les plantes frileuses. On y entretient un feu de poêle à un degré suffisant de chaleur pour que ces plantes ne se sentent pas des rigueurs de l'hiver, et se trouvent dans une température toujours égale. Sans cette précaution la gelée les saisirait et les ferait périr. On ne les en sort qu'à la fin du printemps, lorsqu'il n'y a plus de froids à craindre.

Clémentine. Quelle est cette plante à larges fleurs rouges dont le parfum est si agréable?

Mme. Dablainville. Les botanistes

la nomment l'Illicium Floridanum.
Elle nous vient de la Floride, pays
de l'Amérique septentrionale.

CLÉMENTINE. Et celle auprès, qui
n'a point encore de fleurs?

M.me DABLAINVILLE. C'est une des
espèces de l'amaryllis, connue sous
le nom de lys de Guernesey. Cette
plante, originaire du Japon, dont
l'oignon ne fleurit que tous les trois
ans, donne en septembre et en octo-
bre une fleur d'un rouge cerise, pa-
raissant au soleil parsemée de points
d'or.

EMILIE. Voici des fleurs assez semblables à celles du rosier.

M.me DABLAINVILLE. Aussi a-t-on
nommé, pour cette raison, l'arbuste
qui les porte, rosier du Bengale, pays
de l'Inde, que baigne le Gange, d'où
nous l'avons tiré. Il produit des fleurs
pendant six mois de l'année. C'est à-

peu-près son seul mérite, car vous voyez que sa fleur est infiniment moins belle que celle de notre rosier à mille feuilles, que l'on a surnommée, à juste titre, la reine des fleurs, tant sa beauté est parfaite.

CAROLINE. Cette plante, si élevée au-dessus des autres, et dont la tige est cependant si mince qu'on a été obligé de la soutenir avec un bâton, de peur qu'elle ne tombe et ne se casse, n'est-elle pas la tubéreuse?

Mme. DABLAINVILLE. Oui, ma fille. La fleur de cette plante majestueuse, originaire des Indes, porte dans son pays natal une odeur très - forte. Chez nous, où elle a un peu dégénéré, cette odeur n'est pas désagréable.

ALEXANDRE. Ah! voilà un narcisse blanc à fleurs doubles très-odorantes: c'est ma fleur de prédilection.

M. Dablainville. Sais-tu ce qu'en dit la fable?

Alexandre. Je crois me le rappeler: Narcisse était un jeune homme d'une beauté parfaite. L'oracle avait prédit à la nymphe Lyriope, sa mère, qu'il vivrait longtemps s'il pouvait éviter de se voir. Mais si sa vue devait lui être fatale, elle ne le fut pas moins aux nymphes que sa beauté rendit sensibles, et auxquelles il ne témoigna que de l'indifférence. Outrées de ses dédains, elles prièrent l'amour de les venger de son insensibilité. Ce dieu les exauça. Au retour de la chasse, il conduisit Narcisse, tourmenté par la soif, auprès d'un clair ruisseau : en se penchant pour s'y désaltérer, le chasseur vit son image dans le cristal de l'onde pure, et devint épris de lui-même. La douleur de ne pouvoir posséder l'objet fantastique de son

8*

amour, lui causa la mort. En descendant des montagnes, les Oréades
aperçurent le corps immobile de
Narcisse. A cette vue, les nymphes
vengées de ses mépris, versent des
larmes et accusent l'amour de les
avoir trop exaucées. Elles se disper-
sent dans toute la contrée et rassem-
blent leurs compagnes pour célébrer
les funérailles de Narcisse. Les nymphes, couronnées de cyprès, s'avan-
cent lentement vers la rive fatale;
mais elles y cherchent en vain le
corps de celui qu'elles regrettent;
elles n'y trouvent à sa place qu'une
fleur composée de feuilles jaunes et
blanches, à laquelle elles donnent le
nom de Narcisse, nom qu'elle a depuis
conservé. Les anciens consacrèrent
cette fleur aux Euménides, et en cou-
ronnèrent les urnes et les tombeaux.

Après avoir vu toutes les fleurs les

unes après les autres, Alexandre et ses sœurs prièrent leur papa de leur acheter une vingtaine de plantes des plus rares, dont ils désiraient orner leur jardin.

Je le veux bien, leur répondit M. Dablainville, mais à une condition ; c'est que vous vous chargerez d'en prendre soin, sans quoi il serait inutile de faire cette dépense; car vous n'ignorez pas que, faute de soins, les plantes dépérissent bientôt et meurent.

Comme l'intention des enfans, en les demandant, avait été de les cultiver eux-mèmes, ils souscrivirent de grand cœur à cette condition.

Quand elles furent mises à part et payées, la marchande les fit porter à leur voiture, puis ils continuèrent leur promenade.

La première boutique qu'ils visitèrent ensuite fut celle de la

MARCHANDE DE MODES.

Caroline n'eut pas plutôt regardé dans cette boutique, qu'elle y trouva un nouveau sujet de s'égayer. Elle le fit remarquer à son papa et à sa maman , qui ne purent s'empêcher de sourire aussi. Qui n'eût pas ri, en effet, de la scène burlesque qui se passait sous leurs yeux ! Une dame d'une soixantaine d'années , vêtue tout-à-fait en jeune personne , la robe courte , garnie de plusieurs rangs de larges falbalas plissés à gros plis ronds , la taille longue et serrée , les manches descendant à peine à quelques doigts de l'épaule, et laissant à nu un bras maigre et décharné, s'admirait avec complaisance devant une psyché (1) , en plaçant sur sa tête ,

______

(1) Sorte de glace.

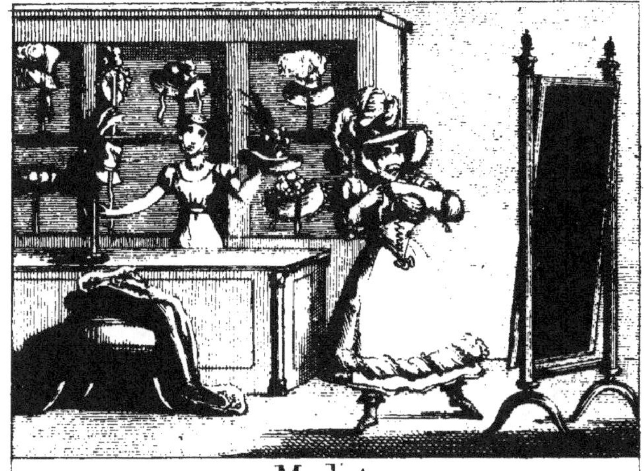

Modiste.

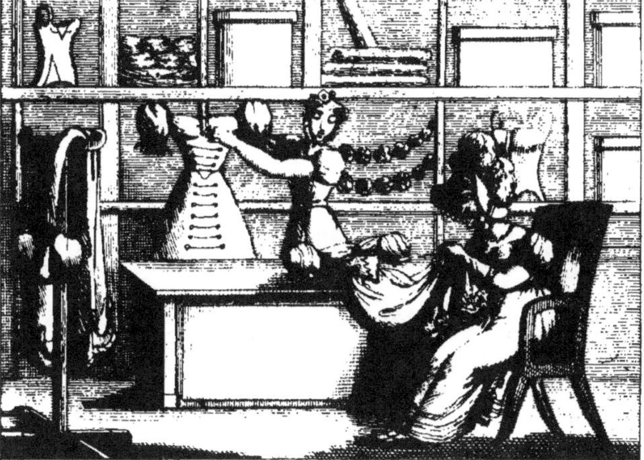

Couturière.

dont les cheveux gris étaient cachés sous les tresses flottantes d'une perruque noire, un grand chapeau de paille d'Italie, chargé de fleurs et de plumes qui ne pouvaient convenir qu'à une jeune femme de vingt ans.

Je ne puis croire, maman, dit Emilie, en la voyant, que cette vieille dame ait l'intention d'acheter ce chapeau ; il est trop élégant pour une personne de son âge.

CLÉMENTINE. Et moi, j'ose assurer qu'elle l'achètera, et qu'elle se croira avec rajeunie de plus de trente ans.

ALEXANDRE. C'est donc une vieille folle; car à moins qu'elle ne parvienne à cacher les rides de son visage et de son cou, la perte de ses dents et la maigreur de son corps, elle ne fera que mieux apercevoir son âge par un vêtement aussi ridicule.

M. Dablainville. Ta remarque est juste, mon fils : la vieillesse est respectable par elle-même, et commande les attentions et les égards de la jeunesse ; mais quand elle veut singer cette jeunesse dans ses vêtemens et dans ses manières, elle ne mérite plus que les risées du mépris.

Emilie. Je ne sais pas si l'art des modistes est fort ancien ; mais je ne crois pas qu'aucun peuple ait jamais été plus esclave des modes qu'on ne l'est en France.

M. Dablainville. Il n'est guères possible de donner une époque fixe à cet art. Tout ce qu'on peut dire, c'est que la mode étant la coutume ou la manière de s'habiller dans tout ce qui sert dans la parure et au luxe, l'envie de plaire, accompagnée des richesses, a donné naissance à cette frivolité de l'esprit. Les peuples qui se font une gloire de leur futilité, et un mérite de communiquer aux autres leur bon ou leur mauvais goût, me paraissent en avoir été les inventeurs. En examinant les têtes des dames grecques ou romaines, que les médailles nous ont conservées, on s'aperçoit que leur coiffures ont varié de temps en temps, mais cependant beaucoup moins que celles de nos françaises, qui en changent, pour ainsi dire, à chaque instant. Quel contraste avec les femmes de ces peuples qui ont conservé, ainsi que leurs maris, la même manière de s'habiller et de se parer, qui existait lors de l'établissement de leur monarchie! Si l'histoire remarque comme un excès de luxe et une chose extraordinaire que l'épouse de *Marc-Aurèle* ait eu trois ou quatre coiffures différentes en dix-neuf ans de règne de cet empereur romain, que dira-t-elle un jour de celles qu'invente la légèrcté de notre goût? Si elle en conservait la mémoire, leur variété fournirait une nomenclature aussi étendue qu'inintelligible à la postérité. Dès le seizième siècle, les Allemands, les Anglais et les Italiens commencèrent à goûter nos modes et à s'y conformer. Du temps de Louis XIV, nos colifichets coûtaient plus de onze millions par an à l'Angleterre et proportionnément aux autres nations. Une bizarrerie de goût, qui produit aussi considérablement à un état, qui entretient un nombre infini d'ouvriers, et qui fait rentrer dans un royaume l'argent qui en était sorti pour se procurer certaines denrées de l'étranger, n'est pas absolument si blâmable.

Mme DABLAINVILLE. Ah ! voici la boutique d'un

PHARMACIEN CHIMISTE.

C'est passer de la futilité à l'utile, car sans le secours de la pharmacie nous ne pourrions recouvrer la force et la vigueur de la santé perdue par l'effet des maladies.

M. Dablainville. Dans le temps où les connaissances humaines commençaient à se développer, la pharmacie ne pouvait être qu'une espèce d'empirisme tel que l'était aussi la médecine elle-même. Un seul homme s'occupait de l'art de guérir, et en exerçait les différentes parties; mais à mesure que l'on a acquis des connaissances, les principes de médecine, de chirurgie et de pharmacie, ont été partagés en trois branches. Le médecin s'occupe du traitement des maladies; le chirurgien, de celui des blessures; et

9*

le pharmacien, de préparer les médi-
camens, en opérant le mélange des
drogues.

ALEXANDRE. Les drogues ne sont-
elles pas composées de minéraux aussi
bien que de végétaux?

M. DABLAINVILLE. Oui, mon ami;
mais comprends-tu bien ce que c'est
qu'un minéral ?

ALEXANDRE. Un minéral est un demi-
métal, tels que l'antimoine, le zinc,
le bismuth et autres. Ils ne sont point,
à l'exception toutefois du zinc, in-
flammables, mais durs, cassans et
susceptibles d'être réduits en poudre.
Le mercure ou vif-argent a été classé
dans les semi-métaux.

M. DABLAINVILLE. Tu viens de me
nommer l'antimoine, sais-tu ce qui a
fait donner ce nom à ce minéral ?

ALEXANDRE. Oui, papa ; au moins
voici ce que l'on rapporte à ce sujet :

L'antimoine n'était autrefois d'aucun usage dans la médecine. Un moine, appelé *Basile Valentin*, qui cherchait la pierre philosophale , découvrit l'effet de ce violent purgatif. Il jeta, un jour, quelques résidus de ce minéral qui lui avait servi à une de ses opérations : des pourceaux mangèrent par hasard ces résidus, et furent violemment purgés ; mais ensuite ils engraissèrent d'une manière remarquable. *Valentin* , témoin de ce fait, crut rendre un grand service à ses confrères, et leur offrit un remède universel. Il composa des breuvages qui ne manquèrent pas de tuer ceux qui en prirent. C'est de ce funeste événement que ce minéral fut appelé *Antimoine.*

M. Dablainville. Un autre que Valentin se fût empressé d'abandonner sa découverte : ce bon moine s'opi-

niâtra, au contraire, à prouver combien elle était salutaire. Il chercha le
moyen d'ôter à l'antimoine ses qualités dangereuses; et quand il crut
l'avoir trouvé, il composa un livre
qu'il intitula *le Char de Triomphe de
l'Antimoine.* Ceci se passait dans le
treizième siècle. Au commencement
du seizième, Paracelse reproduisit ce
remède redoutable, que la Faculté de
Médecine et le Parlement s'empres-
sèrent de défendre comme un vrai
poison. Ce ne fut qu'en 1666 que
l'on permit enfin de l'employer dans
la médecine. Il a reçu le nom d'*Emé-
tique.* Alexandre, tu pourras, sans
doute, nous dire combien il y a de
métaux ?

Alexandre. On en compte six : l'or,
l'argent, le cuivre, le plomb, l'étain
et le fer.

M. Dablainville. C'est très-bien ,

mon ami ; mais tu en as oublié deux :
le platine ou or blanc qui, à la vérité.
n'a été découvert que depuis soixante
ans environ, dans l'Amérique espagnole, à Choco au Pérou, et dans les
environs de Carthagène, et l'aimant,
que l'on classe ordinairement au
rang des métaux.

ALEXANDRE. Je ne comprends pas
bien la nature de l'aimant.

M. DABLAINVILLE. C'est une sorte de
pierre qu'on trouve dans les mines
de fer, qui a la singulière propriété
d'attirer ce métal; voici de quelle manière on raconte sa découverte : Un
berger nommé *Magnès*, faisant paître
son troupeau sur le mont Ida, enfonça
dans la terre son bâton armé d'une
pointe de fer, et eut quelque peine à
le retirer. Etonné de cet obstacle, il
en voulut connaître la cause; il creusa
autour du bâton et en trouva la pointe

attachée à une pierre d'aimant. Les anciens ne connurent que cette vertu de l'aimant dont nous venons de parler ; ils ignorèrent celle qui le rend si utile à la navigation. Ils n'avaient pas d'autres moyens de connaître leur chemin sur mer que par l'inspection des étoiles; aussi n'osaient-ils pas se hasarder à faire de longs voyages sur cet élément : ils cotoyaient les terres, ne les perdant de vue que le moins possible ; autrement, ils eussent été en danger de se perdre : car, dans un temps couvert, les étoiles devenant invisibles , il ne pouvait plus en tirer aucun secours. Mais la découverte de cette précieuse vertu de l'aimant , à laquelle nous devons l'invention de la boussole, a mis nos navigateurs à même de traverser les mers en tous sens et d'entreprendre des voyages aux contrées les

plus lointaines, sans crainte de s'é-
garer.

Alexandre. Mais comment un morceau de fer, ainsi que vous venez de
nous le dire, peut-il servir à diriger
la route d'un vaisseau, et qu'est-ce
que la boussole ?

M. Dablainville. Le voici : la boussole est une petite boîte qui renferme
un morceau d'acier, long d'environ
trois pouces, en forme d'aiguille
plate, frottée avec la pierre d'aimant,
et posée sur un pivot de manière
qu'elle puisse tourner librement. Ce
pivot est placé au milieu d'une rose
de carton ou de tôle sur laquelle on a
tracé un cercle divisé en trente-deux
parties égales, savoir : d'abord, en
quatre, qui marquent les quatre
points cardinaux de l'horizon ; et chacune de ces quatre parties principales
est subdivisée pour indiquer les divers

rumbs de vent. On désigne ordinairement le nord par une fleur de lys,
les autres vents par les premières
lettres de leurs noms. Or, comme
l'aiguille aimantée tourne toujours sa
pointe vers le nord, sans jamais va-
rier, vous concevez l'avantage qu'en
retirent les gens de mer pour régler
la marche des navires. Il paraît qu'un
certain *Marco Paolo*, Vénitien, qui
vivait dans le treizième siècle, est le
premier Européen qui ait eu connaissance de cette utile application de
l'aimant à la navigation ; mais ce
n'est pas lui qui la découvrit, il
la rapporta de la Chine où il fit
un voyage sur terre en 1260, et où
elle était connue déjà depuis longtemps.

Maman, dit Caroline, quand son
papa eut terminé, voulez-vous venir
voir les gravures de ce

MARCHAND D'ESTAMPES.

Si l'on en juge par les cadres qui les entourent, elles doivent être superbes?

Mme. DABLAINVILLE. Je ne demande pas mieux, mon enfant, je suis aussi curieuse qu'aucun de vous de la vue des belles choses.

M. DABLAINVILLE. Et moi, je porte tant d'estime à l'art précieux qui les produit, que je partage votre curiosité. Mais afin que le temps employé à cet examen vous soit aussi fructueux qu'il vous sera récréatif, j'en profiterai pour vous rapporter l'origine et les progrès de cet art. Il y a plusieurs sortes de gravures, en creux et en relief, sur les pierres, sur les cristaux, sur le bois, sur l'or et l'argent, sur le cuivre et l'acier.

La gravure en relief et en creux des

pierres et des cristaux était connue des anciens, et c'est le seul genre de gravure qu'ils aient cultivé avec soin. Il est difficile d'en fixer l'origine. Les Egyptiens transmirent cet art aux Phéniciens et à quelques autres peuples de l'Orient, qui, à leur tour, le firent passer en Grèce et en Italie. Les plus belles pierres gravées nous viennent des Grecs. Parmi leurs graveurs, Théodore de Samos et Pyrgolètes ont été les plus célèbres. On trouve dans les productions de ces habiles artistes, soit qu'ils aient renfermé de grandes compositions dans de petits espaces, ou qu'ils se soient bornés à une seule figure, correction de dessin, élégance des proportions, finesse des expressions, naïveté des attitudes, enfin un caractère sublime, que saisissent les connaissseurs. Enseveli sous les ruines de l'empire romain, cet art reparut en Italie au quinzième siècle, sous *Laurent de Médicis. Jean delle Carniuolo* fut le premier qui en fit l'essai et y réussit. Il eut plusieurs imitateurs, entre autres *Dominique Camei,* milanais, qui grava sur un rubis balai le portrait de *Louis,* dit le *More,* duc de Milan. On vit depuis des chefs-d'œuvre de Maria da Pescia, Michelino, Jean de Castel Bolognèse, Valerio Vincino, Matheo del Nasaro. M. Guay, notre compatriote, a laissé des gravures en pierres précieuses, qui sont mises en parallèle avec celles des anciens.

Pour l'estampe, la gravure en bois paraît être la plus ancienne : son origine remonte à la plus haute antiquité. Le désir de transmettre à la postérité le souvenir de tout ce qui pouvait l'intéresser, fit inventer cet art, qui se répandit insensiblement

chez beaucoup de nations. Nous n'a-
vons profité de cette ingénieuse découverte que vers le quinzième siècle,
et après avoir commercé en Asie avec
les Indiens et les Chinois. En 1430,
on gravait déjà en bois des sujets de
la Bible ; cependant ce genre de travail n'acquit quelque mérite qu'au
commencement du seizième siècle,
époque à laquelle Albert Durer grava
en bois des dessins d'une si grande
beauté, que le célèbre Marc Antoine
et d'autres graveurs italiens les ont
imités.

Il est bien étonnant que les anciens,
ayant trouvé le secret de graver sur
les pierres fines, sur les cristaux et
même sur les métaux, n'aient point
tenté de graver sur le cuivre leurs
plus excellentes peintures; mais cette
découverte était réservée aux modernes et au temps du renouvelle-

ment des arts. On l'attribue à un orfèvre de Florence, nommé Thomaso
Finiguerra, qui vivait vers le milieu
du quinzième siècle. Il avait gravé
sur un plateau d'argent quelques
figures dont il désirait conserver l'em-
preinte : il imagina d'enduire son
travail de noir de fumée délayé avec
de l'huile, et de presser son plateau
sur un papier humide. Son opération
réussit, et la gravure en cuivre fut
entièrement inventée. Les Allemands
revendiquent, mais sans fondement,
cette découverte qu'ils prétendent
avoir été faite dans l'évêché de Munster. La différence de la gravure en
cuivre de celle en bois, c'est que la
dernière se compose de traits en relief, et que la première est précisément le contraire, c'est-à-dire qu'elle
se compose de traits en creux. La
gravure sur le cuivre est presque la

seule dont on se serve présentement pour les estampes et pour les vignettes dont on orne les livres ; celle en bois , autrefois si estimée, n'est plus guères d'usage que pour les petits ouvrages de peu d'importance , ou pour de très-grands, comme sont les tapisseries de papier et autres.

On distingue quatre manières de graver sur cuivre : au burin, à l'eau-forte , en couleurs et en manière noire ou mezza tinta.

Pour graver au burin ou en taille-douce, on se sert, pour faire les tailles ou traits que vous apercevez dans les figures , d'un outil d'acier qu'on nomme burin , dont la forme est entre le losange et le carré : c'est le premier genre de gravure sur cuivre inventé.

Pour graver à l'eau-forte, on enduit une planche de cuivre d'un léger

vernis, composé de cire, que l'on étend
et que l'on noircit à l'aide d'une
bougie allumée que l'on promène
dessus; c'est sur cette planche vernie
que l'on grave avec une pointe qui
enlève la cire. On verse ensuite de
l'eau-forte sur la planche, où elle est
retenue par un rempart de cire à
modeler, que l'on a élevé sur les
bords. L'eau - forte atteignant le
cuivre par tous les traits que l'artiste
a formés avec sa pointe, le corrode
et le rend propre à imprimer le dessin aussi bien que s'il était gravé au
burin. Cette manière est la plus ex-
péditive. Ordinairement on commence une planche à l'eau-forte, et
on la termine au burin , qui donne
à l'ouvrage plus d'accord et de perfection. La gravure à l'eau-forte a été
inventée environ un siècle après la
gravure au burin. On regarde assez

généralement *Albert Durer* comme l'auteur de cette invention. Quelques-uns prétendent cependant que ce fut le maître de cet artiste, *Michel Wolgemut*, qui trouva cette manière de gravure, et les Italiens l'attribuent à *François Pamigïano*.

La gravure en couleur est une découverte nouvelle, qui ne date que de 1720 à 1730, et que l'on doit à Jacques - Christophe Leblond, de Francfort, élève de Carlo Maratte. Sa méthode est d'imprimer ses estampes avec trois planches séparées, et d'employer pour cet effet trois couleurs qu'il appelait primitives, savoir : le jaune, le rouge et le bleu.

Pour la gravure en manière noire, ou *mezza-tinta*, on prend une planche entièrement grénée au moyen d'un instrument dentelé, nommé *berceau*, à cause de sa forme ; c'est sur cette

planche que l'on calque le dessin,
et qu'ensuite on pratique des clairs
à l'aide d'un outil appelé grattoir. On
fait honneur de cette découverte à
un prince Ruppert.

Il ne me reste plus à vous parler
que d'un genre de gravure sur pierre,
tout à fait nouveau, nommé lithographie : Un chanteur de l'opéra de
Munich, nommé *Aloys Sennefelder*,
observa la propriété qu'ont les pierres
calcaires de s'imbiber d'un corps gras
quand elles sont sèches, et de re-
pousser ce même corps gras dès
qu'elles sont humectées. C'est sur ce
principe qu'est fondée la lithographie. Toutes les pierres calcaires ne
sont pas propres à la lithographie ; il
faut qu'elles soient susceptibles de
poli, et cependant légèrement spongieuses ; il faut qu'elles aient assez
de solidité pour résister à l'action de

10*

la presse, répétée plusieurs milliers de fois. On ne grave point sur ces pierres, comme sur le cuivre, à l'aide d'un burin ou d'une pointe ; on dessine avec un crayon, une plume ou un pinceau. Ce crayon est préparé avec un corps gras, et par conséquent les traits s'imbibent dans la substance même de la pierre. Une fois le dessin tracé sur la pierre sèche, on en tire facilement deux ou trois épreuves ; mais ce serait tout, si la couleur n'était pas renouvelée. On mouille donc la pierre avec une éponge ; elle s'humecte dans les parties qui ne sont pas couvertes par le crayon ; ensuite on en frotte la surface avec de l'encre à l'huile, qui se joint par une affinité naturelle aux traces préexistantes du crayon sans s'attacher aux parties humides. Après cette opération on la remet sous presse.

La vue d'un

ÉPICIER,

qu'ils eurent en quittant la boutique du marchand d'estampes, fit naître aux enfans l'envie de s'approvisionner de figues confites dont ils étaient très-friands.

Je ne m'opposerai pas à ce que vous satisfassiez votre désir, leur dit leur papa, si l'un de vous peut m'instruire des principaux objets de ce commerce, et pourquoi on donne à celui qui le fait le nom d'épicier.

Alexandre. Je me charge de la réponse. Les épiciers tirent leur nom des épices ou épiceries qu'ils vendent. Sous la dénomination d'épiceries on comprend toutes les substances végétales étrangères qui ont une saveur ou une odeur propre à les rendre d'un usage utile ou agréable : telles sont, entr'autres, le girofle, la muscade, les différentes espèces de poivre, la canelle et le thé.

Le clou de girofle, ainsi nommé à cause de sa forme semblable à un clou à tête, et la muscade, sont les fruits du giroflier et du muscadier, arbres qui ne croissent qu'aux îles Molluques. La canelle est la seconde écorce d'un arbre odoriférant, appelé canellier : on ne le trouve que dans l'île de Ceylan. Le poivre vient en grappe par petits grains ronds, à peu près comme nos groseilles, sur le poivrier, arbrisseau qui croît au Malabar, dans le Malaca, aux îles de Java, Sumatra, Bornéo et Célèbres. Le thé est la feuille d'un arbre, quelquefois d'un arbrisseau, que les Chinois appellent *Tcha*. On nous l'apporte de la Chine, du Japon et de Siam.

Pour que le thé conserve toute sa saveur, il ne faut pas qu'il soit éventé ; aussi les Chinois ont-ils grand soin de l'envoyer dans des boîtes d'étain bien fermées.

M. Dablainville. Tu aurais pu joindre aux épices le cacao, sorte d'amande dont on fait le chocolat ; la vanille, qui sert à l'aromatiser ; le café, qui nous donne une liqueur si agréable; et le sucre, sans lequel nous n'aurions pas ces excellentes confitures et ces différentes sortes de sucreries que vous aimez tant.

Clémentine. Je vais, papa, réparer son omission. Le cacaoyer est un arbre de moyenne grandeur, propre au nouveau continent, et qui abonde particulièrement sur la côte de Caraque au Pérou, à Cayenne et à la Martinique. Son fruit a la forme d'un concombre, et contient plusieurs amandes.

Le vanillier, plante sarmenteuse, croît à Saint-Domingue, au Mexique et au Pérou. Elle fournit une gousse d'une odeur aromatique très-suave. Le cafier est un arbre originaire de l'Arabie. Son fruit a la forme de la cerise, appelée *bigarreau*, d'abord d'un vert clair, ensuite d'une couleur rougeâtre, puis d'un beau rouge, et enfin d'un rouge obscur lorsqu'il est dans sa parfaite maturité ; il est charnu et plein de suc, mais fade et ne vaut rien à manger : à la place du noyau, il a deux pepins arrondis en dehors et plats en dedans, du côté où ils se touchent, et qui forment ce qu'on appelle grains de café. Cet arbre n'a été connu en Europe qu'en 1707. Les Européens ont obligation de sa culture aux Hollandais, qui de Moka l'ont porté à Batavia, et de Batavia au jardin d'Amsterdam. On l'a transplanté en Amérique où il a parfaitement réussi. Les îles de Saint-Domingue, de la Martinique, de la Guadeloupe et de Bourbon, en fournissent plus que la France n'en consomme.

Le sucre est le produit de la canne à sucre. Cette espèce de roseau est massif, garni de nœuds rapprochés les uns des autres; son écorce est mince et sert d'enveloppe à une multitude de longues fibres pareillement disposées, formant une espèce de tissu cellulaire, rempli d'un suc doux, agréable, un peu gluant, et qui ressemble à du sirop délayé dans beaucoup d'eau. Les cannes s'élèvent ordinairement à six ou huit pieds; leur diamètre est de douze à quinze lignes environ ; elles acquièrent une belle couleur jaune en mûrissant.

M. Dablainville. Je vois que vous avez réservé à Emilie le plaisir de nous dire à quelle époque l'usage des épices s'est introduit en France, car vous n'en avez parlé ni l'un ni l'autre. Allons, Emilie, montre-nous que tu n'es pas moins instruite que ton frère et ta sœur.

Emilie. Ce n'est que depuis le renouvellement de la navigation par l'invention de la boussole, et surtout depuis que les Portugais ont ouvert, en doublant le Cap de Bonne-Espérance, de nouvelles routes pour passer aux Indes, où l'on recueille ces riches productions de la nature, que les épices sont devenues d'un usage familier en Europe : elles passaient même dans ces commencemens pour être si précieuses, qu'elles faisaient

un des principaux ornemens des
grandes fêtes : dans les festins de no-
ces, l'épouse en présentait à toute
l'assemblée ; enfin on croyait que rien
n'était plus propre à pouvoir être pré-
senté avec bienséance aux magistrats,
après la décision d'un procès, et de là
est venu le nom d'*épices du Palais*.

M. Dablainville. Je ne m'attendais
pas à vous trouver si savans tous; mais
puisque vous avez surpassé mon attente, il est juste que je vous récom-
pense : ainsi, mes enfans, je vous
accorde la permission de choisir, avec
les figues, toutes les autres friandises
qui vous feront plaisir. J'ajouterai, à
ce que vous venez de dire du café et
du sucre, quelques détails sur la
découverte des propriétés de la première de ces productions, et sur la
manière de fabriquer l'autre.

Ce fut un berger qui, le premier,

remarqua les propriétés du café : ses chèvres, ayant mangé les semences tombées du cafier, parurent agitées et ne se livrèrent point au sommeil. Le berger renouvela l'expérience sur lui, et en avertit un chef de couvent, qui en fit prendre à ses moines. Ce fait se passait vers le commencement du quinzième siècle. Cinquante ans après, le café était encore à peine connu dans l'Arabie même : on en faisait usage seulement dans quelques cantons de la Perse. Un muphti d'Aden, ville d'Arabie, du nom de Gem-al-Eddin, qui fit un voyage dans ce pays, y trouva des gens qui prenaient du café ; il s'aperçut qu'entre autres propriétés il a sur-tout celle de dissiper les pesanteurs de tête, d'égayer l'esprit et de chasser le sommeil sans incommoder. C'était le point essentiel. A son retour, il fit usage du café avec ses derviches , à l'entrée de la nuit, afin de la passer en prières avec plus de liberté d'esprit. Ainsi l'usage du café passa de la Perse à Aden , d'Aden à la Mecque , puis en Égypte, au Caire , en Syrie et à Constantinople ; de cette dernière ville il se répandit en Europe dans le seizième siècle. Il y fut d'abord assez mal accueilli : grand nombre de médecins prétendirent que c'était un poison ; mais on revint peu à peu de cette prévention.

Ce n'est pas seulement du suc de la canne que l'on obtient le sucre par cristallisation , on peut aussi en retirer de toute plante dont la saveur est sucrée , comme de la sève de l'érable , du bouleau , du suc de betterave et du bambou. On ne saurait prescrire le temps où le sucre à paru pour la première fois. Il est cependant certain que les anciens l'ont connu ; mais il différait beaucoup du nôtre , puisque , suivant les descriptions qui nous en restent , il était en consistance de manne et de miel. Il paraît que ce sucre n'était autre chose que le suc qui découle naturellement des jets de bambou , espèce de roseau arborescent , qui croît aux Indes orientales. Lorsque ces jets sont mûrs, il s'en échappe de leurs nœuds une liqueur succulente et sirupeuse qui se coagule par l'ardeur du soleil , et forme des larmes semblables à celles de la manne. Les anciens recueillaient ce sucre naturel ; mais ils ignoraient l'art de tirer le suc des cannes par expression , et de le purifier ensuite comme nous le faisons aujourd'hui.

Vous ne vous doutez pas, mes enfans, des peines que l'on se donne pour vous préparer ce sucre que vous trouvez si agréable, et des dangers que courent les hommes qui travaillent à cette préparation. Voici la manière employée pour l'obtenir : quand les cannes sont mûres, on les coupe, puis on les écrase par le moyen d'un moulin composé de trois rouleaux de bois emboîtés dans des cylindres de fer bien poli et placés verticalement. Deux nègres sont ordinairement employés à cette manœuvre : l'un engage les cannes entre le premier et le second cylindre ; l'autre, placé du côté opposé, les reçoit à mesure qu'elles passent, et les engage entre le second et le troisième cylindre. Cette opération se fait très-promptement, mais elle exige beaucoup d'attention. Il arrive quelquefois que les nègres engagent leurs doigts avec les cannes ; et leur corps passerait en entier avec elles entre ces espèces de meules, si l'on n'y remédiait en arrêtant sur le champ le moulin ou même en leur coupant le bras lorsqu'il y est engagé. Lorsque les cannes ont rendu tout le suc qu'elles contenaient, on est loin encore d'avoir obtenu le sucre. Il y a, dans le suc de cannes comme dans les autres plantes dont le suc est sucré, une partie qui cristallise, et une partie qui ne cristallise pas. Le sucre proprement dit est cette partie du suc des plantes qui cristallise. Pour parvenir à ce résultat, on met le suc exprimé de la canne dans des chaudières sous lesquelles on entretient un grand feu. On l'y fait bouillir à six reprises différentes dans autant de chaudières nouvelles, en ayant soin chaque fois de jeter dessus une certaine quantité d'eau de chaux et de cendre. L'effet de la cuisson est de faire évaporer l'eau surabondante, et de le débarrasser par l'écume des parties impures : ainsi, il ne reste plus dans la dernière chaudière qu'un sirop qui, en refroidissant, se convertit en une infinité de petits cristaux ; c'est ce qu'on nomme cassonnade et sucre brut. Cette cassonnade ou sucre brut a encore besoin d'une nouvelle préparation , qu'on appelle raffinage, pour être transformée en une espèce de pierre, tel que vous voyez le sucre. On recommence, à cet effet, l'opération de la cuisson ; mais alors on mêle du sang de bœuf à l'eau de chaux ; et à la sixième cuisson , la matière est dans un état de cristallisation parfaite et débarrassée de toutes impuretés ; on la verse dans des moules de terre cuite en forme de cône renversé, dont la pointe est

percée d'un petit trou que l'on bouche avec un linge mouillé, et à travers
laquelle s'écoule la partie qui ne cristallise pas, que l'on nomme mélasse.
Cette matière prend de la consistance
en refroidissant ; on la retire des
moules et on la fait sécher sur des
planches. Le sucre est alors dans
toute sa perfection.

On raffine le sucre aussi bien et
même mieux en France qu'en Amérique. Nous avons des raffineries
dans plusieurs de nos villes, telles
que Paris, Rouen, Bordeaux et Lille.

Le sucre est un sel combiné d'huile,
d'acide et de terre : il est dissoluble
dans l'eau, nutritif, fermentescible,
cristallisable, inflammable et rempli
de beaucoup de matière électrique ;
pour peu qu'on le frotte dans l'obs-
curité, il jette une lueur considérable.
On peut distiller le sucre et en tirer

un esprit ardent très-fort : il faut,
pour cela , saisir le moment où,
en dissolution dans une égale quantité d'eau commune, il subit la fer-
mentation vineuse. Le sucre a encore
la propriété de se charger des saveurs
et des odeurs qu'on lui communique,
telles que la fleur d'orange. Il peut
unir ensemble l'huile et l'eau , de
manière que ces deux substances deviennent inséparables.

L'attention qu'Alexandre et ses
sœurs avaient portée à leur papa ne
leur avait pas fait oublier la permission qu'il leur avait accordée : ils en
profitèrent sans en abuser ; car ils
étaient trop bien élevés pour avoir le
défaut de la gourmandise, défaut
que trop ordinairement on souffre
bien à tort dans les enfans.

La longue séance qu'ils avaient
faite chez l'épicier n'avait pas été sans

intérêt ; celle qu'ils firent ensuite chez le

PELLETIER FOURREUR

ne fut pas moins intéressante.

Quoique ce ne soit pas encore le temps de se pourvoir de vêtemens d'hiver, dit M. Dablainville, en approchant de la boutique de ce dernier marchand, arrètons-nous-y néanmoins; vous y trouverez toujours sujet d'acquérir quelques nouvelles connaissances. Clémentine nous dira quels sont les animaux qui nous donnent les plus belles et les plus précieuses fourrures.

CLÉMENTINE. Les pelleteries que l'on estime le plus sont la marte, le renard noir et bleu, l'hermine, le petit gris et le castor. Elles nous viennent de Suède, du Danemarck, de Russie, de Laponie, de Sibérie et des régions septentrionales de l'Amérique ; mais la Sibérie est le magasin des belles fourrures. On rapporte que les criminels qu'on exile de Moscovie dans cette affreuse contrée, sont obligés d'aller à la chasse : on les nourrit ; mais ce qu'ils prennent est pour le profit de sa majesté Czarienne.

M. Dablainville. Aucun de vous ne connaît, je crois, ces animaux dont la dépouille est d'un si grand prix ; je vais donc vous en faire la description. Vous avez tous eu occasion de voir des fouines, lorsque nous avons pris au piége celles qui venaient rôder autour de la cabane aux poules : hé bien, la marte a beaucoup de ressemblance avec elles, à l'exception qu'elle est un peu plus grosse, et qu'elle a la tête plus courte. La marte, originaire du nord, est naturelle à ce climat, et s'y trouve en si grand nombre, que l'on est étonné de la quantité de fourrures de cette espèce que l'on y consomme et que l'on en tire ; elle est, au contraire, en très-petit nombre dans les pays chauds ; elle est aussi très-rare en France. Elles sont également très-communes au Canada, contrée du nord de l'Amérique. Mais les plus magnifiques fourrures de cet animal viennent du Kamtschatka, où les habitans mangent sa chair, qu'ils trouvent délicieuse. Il est une autre sorte de marte, que l'on nomme marte zibeline : elle ne diffère de la marte commune qu'en ce que sa fourrure est incomparablement plus belle, et qu'elle est noire au lieu d'être brune : on en fait un si grand cas, qu'on a vu des peaux de zibeline se vendre jusqu'à dix et quinze louis pièce. Ce sont les grands de la Turquie qui en sont les plus curieux. On ne trouve les zibelines que chez les Samoïèdes, les Korequis, au Kamtschatka et en Sibérie. La fourrure de la zibeline a cela de particulier, qu'elle obéit également, en quelque sens qu'on la presse, au lieu que celle des autres animaux, prise à rebours, fait sentir quelque roideur par sa résistance.

Le renard noir est plus petit que l'espèce ordinaire et d'un gris bleuâtre qui quelquefois blanchit entièrement; son pelage est très-foncé et très-lisse; il a le museau fort pointu, les oreilles courtes et presque cachées sous sa fourrure; sa queue aussi est plus courte et plus touffue que celle du renard commun. On ne trouve ces animaux que dans les régions situées près du pôle arctique et dans les îles des mers glaciales, où ils sont extrêmement nombreux. Dans l'hiver, ces renards s'enterrent dans la neige, où ils restent cachés tant qu'elle se conserve dans une épaisseur suffisante ; son pelage est très-léger et très-moelleux. Les Groenlendais se nourrissent de leur chair, qu'ils préfèrent à celle du lièvre, et en divisent les muscles ou tendons, qu'ils mangent en guise de pain.

L'hermine est un animal du genre de la belette. Il se trouve communément en Russie, en Norwège, en Laponie, rarement en France, assez communément en Suisse, où elles sont, comme ailleurs, rousses en été, blanches en hiver. Il a une très-mauvaise odeur ; mais c'est un joli petit quadrupède, dont les yeux sont vifs, la physionomie fixe, et les mouvemens si prompts, qu'il n'est pas possible de le suivre de l'œil. C'est de peau d'hermine qu'est doublé le manteau royal et celui que les grands portent dans les cérémonies. Pour relever la blancheur éblouissante de l'hermine, les fourreurs la parsèment de mouchetures noires, en y attachant de distance en distance de petits morceaux de peau d'agneau de Lombardie, dont la laine est d'un noir très-vif. On fait aussi avec l'hermine des manchons, des bonnets, des garnitures pour les habillemens d'hiver des dames et pour les robes des juges des cours souveraines.

Le petit-gris n'est autre que l'écureuil des pays froids : il diffère des nôtres, en ce qu'étant roux comme ceux-ci en été, il devient gris en hiver. Avec la peau du dos on fait le petit-gris; mais le ventre est aussi blanc que l'hermine : il est bordé de chaque côté d'une raie noire qu'on a grand soin de conserver. Quand la fourrure est alternativement variée du ventre et du dos de l'animal, elle est beaucoup plus riche.

Un des plus intéressans et des plus industrieux animaux qui existent, est le castor. Sa longueur porte environ trois pieds. Sa queue est d'une configuration ovale, longue de onze pouces et horizontale, comprimée dans sa partie inférieure ; mais elle prend une forme convexe à la surface supérieure ; elle est dépourvue de poil, si ce n'est à sa base, et couverte d'écailles comme celles d'un poisson : elle sert à ce quadrupède de gouvernail pour le diriger dans l'eau, et devient pour lui un instrument fort utile dans d'autres opérations. Son poil est doux, lisse, luisant, châtain et quelquefois noir. On a vu des castors qui étaient tout-à-fait blancs, d'autres d'un blanc de lait; il en est de mouchetés. Le castor a les oreilles courtes et presque cachées dans sa fourrure; ses pieds de devant sont petits, et à peu près semblables à ceux du rat; ceux de derrière sont longs, et tous les doigts en sont réunis par une membrane. Il a les dents incisives très-fortes et très-propres à couper le bois : aussi ce quadrupède ne fait-il sa nourriture que d'écorces et de feuilles d'arbres.

Aucun animal ne paraît posséder autant de sagacité naturelle que ces quadrupèdes. L'industrie est leur caractère distinctif; et les travaux du castor semblent être le résultat d'une espèce de contrat formé entre eux pour leur conservation et leur soutien mutuels. Ils vivent ordinairement en communauté de deux à trois cents individus, occupent des habitations qu'ils élèvent à la hauteur de six à huit pieds au-dessus de l'eau. Ils choisissent, si cela leur est possible, un grand étang, dans lequel ils construisent leurs maisonnettes sur pilotis, en ayant soin de leur donner une forme ovale ou circulaire. Ces maisonnettes se terminent par une voûte qui donne extérieurement à l'édifice la forme d'un dôme, et intérieurement celle d'un fort.

Si ces animaux ne peuvent pas parvenir à trouver un étang qui convienne à leurs vues, ils font choix d'un terrain uni, traversé par un courant d'eau, et les opérations auxquelles ils se livrent pour rendre cette localité propre à leurs habitations, prouvent une sagacité, une intelligence et une mémoire qui approchent des facultés humaines.

Lorsque les castors se sont divisés

par compagnies, leur premier soin est de construire une digue, et ils l'établissent toujours dans l'endroit le plus favorable à leurs desseins, en abattant des arbres d'une grosseur considérable, en enfonçant dans la terre des pièces de cinq à six pieds de hauteur, en les alignant sur plusieurs rangées, et en les entrelaçant de petites branches d'arbres. Ils remplissent aussi les intervalles de ce pilotis de pierres, de sable et de glaise, qu'ils maçonnent avec tant de solidité, quoique cette chaussée ait souvent cent pieds de long, qu'un homme peut se promener dessus en toute sûreté. Cette chaussée, de dix à douze pieds de large à sa base, se réduit considérablement au sommet, qui a rarement plus de deux à trois pieds de diamètre.

Le pilotis est exactement de niveau

d'un bout à l'autre, perpendiculaire du côté de l'eau, et en talus du côté qui soutient la charge ; de sorte que l'herbe y croît bientôt, et rend l'ouvrage plus compacte et plus solide. Après avoir terminé cette jetée, les castors s'occupent à construire leurs cabanes. Ces maisonnettes sont bâties en terre, en pierre et en bois, arrangées avec beaucoup de solidité, et revêtues d'un enduit à l'extérieur.

Les murs ont environ deux pieds d'épaisseur, et le plancher est tellement élevé au-dessus de la surface de l'eau, qu'il ne court jamais le danger d'être submergé. Quelques-unes de ces cabanes n'ont qu'un étage, d'autres en ont trois : on en a trouvé qui contenaient jusqu'à quinze cellules différentes les unes des autres. Le nombre des castors qui habitent ces maisonnettes varie de dix à trente.

On prétend que chaque individu forme son lit de mousse, de feuilles et d'autres substances légères, et que chaque famille met en réserve des provisions d'hiver, qui consistent principalement en écorces et en branches d'arbres fort tendres coupées dans une certaine longueur, et entassées avec beaucoup d'ordre et de propreté.

Chacune de ces cabanes a deux issues, l'une du côté de la terre, et par laquelle ils sortent pour aller chercher leurs provisions ; l'autre, sous l'eau, est toujours plus basse que l'épaisseur ordinaire des glaces, ce qui les met à l'abri des effets de la gelée.

Ces amphibies ont deux espèces de poil : l'un, qui est fin comme du duvet, court et touffu, revêt immédiatement la peau ; l'autre, plus rare, plus long et plus fort, recouvre le

premier; ce dernier a très peu de va-
leur, mais le premier sert à faire des
chapeaux, des bas, des bonnets et
autres objets d'habillement. La peau
du castor forme un article de commerce fort important dans l'Amérique et les contrées septentrionales
de l'Europe. Celles qui ont été prises
pendant l'hiver sont préférables.

La saison de l'hiver est celle que
les chasseurs adoptent de préférence
pour aller à la recherche des cabanes
des castors. Ils en bouchent l'issue
qui donne dans l'eau, et agrandissent
celle qui donne sur la terre, après
quoi ils y introduisent un chien
dressé de manière qu'il se saisit du
castor avec ses dents, et se laisse ensuite retirer en dehors par les pattes
de derrière. Les Indiens du voisinage
de la baie d'Hudson commencent par
retirer l'eau de l'écluse établie par

les castors, puis ils couvrent de filets les cabanes de ces animaux, à l'exception d'un trou qu'ils laissent libre à leur dôme. Ils pénètrent dans leurs maisonnettes par cette ouverture, et les castors effrayés, qui cherchent à s'échapper par les issues, se trouvent aussitôt pris dans les lacs.

CLÉMENTINE. Quel dommage que l'on détruise de pareils animaux! leur étonnante industrie, vraiment admirable, devrait leur faire trouver grâce aux yeux des hommes.

M. DABLAINVILLE. Je suis de ton sentiment; mais leur cupidité s'y oppose.

La coquetterie est naturelle au jeune âge: on ne sera donc pas étonné d'apprendre que la petite Caroline était un peu coquette. En voyant les magnifiques fourrures qu'on leur montrait, elle pensa que ses sœurs

avaient toutes deux une belle péle-
rine de renard bleu , et qu'elle n'en
avait point; elle en parla à sa maman,
qui lui en promit une pour le commencement de l'hiver. Mais il fallait
attendre quatre grands mois pour
voir ses vœux comblés : que ce temps
lui semblait long ! Néanmoins elle
tâcha de se consoler en songeant que
les temps froids finiraient par arriver.
Elle retrouva même toute sa gaîté
en se rendant chez une

COUTURIÈRE,

où sa maman la conduisit, ainsi que
ses sœurs, pour leur faire prendre
mesure de robes nouvelles.

Nos jeunes gens, à leur grande
satisfaction, y rencontrèrent la même
vieille dame qu'ils avaient vue chez la
marchande de modes. Cette ren-

contre leur promettait un moment de distraction agréable : leur attente ne fut pas trompée, et ils furent témoins de l'entretien suivant qui les réjouit fort.

« Madame Bongoût, avez-vous fait la robe de crêpe rose que je vous ai commandée? — Oui, madame la duchesse, la voici. — Ç'est précisément comme je la voulais; sa couleur siéra bien à ma figure, n'est-ce pas? Je trouve pourtant que vous n'avez pas assez ouvert la gorge, et que le dos n'est pas assez découvert : ainsi vous rectifierez ces deux défauts, vous me mettrez une collerette de dentelle, et alors je paraîtrai charmante. A propos, croiriez-vous qu'un individu ait été assez grossier pour me dire, comme je descendais de ma voiture, que je devrais porter des robes plus longues pour cacher mes jambes, et un schall pour couvrir mon cou? le sot! il n'avait pas plus de goût qu'un hottentot. Ah çà, ma chère amie, vous m'enverrez cette robe de suite, entendez-vous, je vais au bal ce soir, et je n'ai rien à mettre. Du crêpe rose sur du satin blanc! ce sera charmant! ce sera charmant! et elle s'en alla. »

La sotte créature! dit M. Dablainville, aussitôt qu'elle fut partie; heureusement il en est peu qui lui ressemblent. Quel ridicule se donne cette vieille dame, par ses prétentions déplacées et sa coquetterie hors de saison! Tel est pourtant le propre des esprits rétrécis par le défaut d'éducation, de ne pas s'apercevoir que la nature, en nous retirant les grâces de la jeunesse, nous indique le temps où nous ne devons plus chercher à plaire que par les charmes de l'esprit et les qualités du cœur. Puisse, mes enfans, l'exemple de cette femme, qui vous a paru si dénuée de bon sens, vous engager à orner votre esprit et à former votre cœur en profitant des utiles leçons que l'on vous donne ! c'est ainsi que vous parviendrez à vous acquérir l'estime et l'approbation de tout le monde, et qu'on recherchera votre société au lieu de la fuir. L'état de couturière vous est connu à tous ; il est donc inutile que nous nous en entretenions ; et puisque vous avez terminé, nous irons chez le

PAPETIER,

où j'ai l'intention de me pourvoir de divers objets dont je manque, tels que papier, crayons, etc.

CAROLINE. Avec quoi, papa, fait-on le papier?

M. DABLAINVILLE. Avec des chiffons : lorsque la toile est si vieille et si usée qu'on ne peut plus s'en servir dans le ménage, on ne la perd pas pour cela ; on la ramasse, au contraire, soigneusement, pour être employée à faire du papier.

CAROLINE. Voilà qui n'est pas aisé à concevoir, car on ne voit ni fil ni trame dans le papier, et pourtant la toile se fait avec du fil ?

M. DABLAINVILLE. Aussi le papier ne se travaille-t-il pas comme la toile ; le procédé est bien différent. Quand on a une certaine quantité de chiffons de vieux linges, on les met dans un caveau, on les imbibe d'eau et on les laisse pourrir ; ensuite on les jette dans de grandes cuves sur lesquelles tombent et retombent sans cesse de gros marteaux de bois garnis de plaques de fer, mus par la roue d'un moulin à eau, qui frappent ces chiffons jusqu'à ce qu'ils soient réduits en une espèce de bouillie. On prend une couche bien mince de cette bouillie sur un châssis carré, fait de fil de laiton, à la manière d'un tamis; on renverse ensuite ce châssis sur un drap de laine, et la couche de bouillie y paraît sous la forme d'une feuille de papier; on met par-dessus un autre morceau de drap sur lequel on renverse encore, au moyen du châssis, une seconde couche de bouillie, puis on remet par dessus un autre morceau de drap, puis une autre couche de bouillie, et ainsi de suite. Lorsque les morceaux de drap et les couches de bouillie forment un monceau d'une certaine hauteur, on les met dans le même état sous une presse qui fait sortir l'humidité superflue des couches de bouillie et leur donne à chacune la consistance d'une feuille de papier ; on les reprend ensuite feuille à feuille d'entre les morceaux de drap, et on les laisse sécher. Enfin on répand sur elles une espèce de colle, on les remet encore sous la presse, puis on les retire pour les laisser sécher une seconde fois, et alors on a du papier sur lequel on peut écrire et imprimer.

ALEXANDRE. Y-a-t-il longtems, papa, que l'on connaît l'art de faire le papier? et de quoi se servait-on avant de le connaître ?

M. DABLAINVILLE. Les hommes n'eurent pas plutôt trouvé l'art admirable de se communiquer leurs idées par des figures, qu'il fallut choisir des matières pour y dessiner ces caractères : on les traça d'abord sur l'argile, sur la pierre ; on employa dans l'Égypte, à cet usage, une plante nommée *papyrus* ; on en divisait les fortes tiges

en lames fort minces, on les arrosait
avec de l'eau, on les faisait ensuite
dessécher au soleil, puis on les croi-
sait en différens sens, et on les mettait à la presse. On faisait aussi du papier avec les feuilles de papyrus : pour
donner de la consistance à ces lames
ou feuilles, on les enduisait d'une
colle très-fine, qui remplissait tous
les vides, pour empêcher l'encre de
s'écouler. Quand on voulait qu'un livre
composé de ces cartons d'Égypte fût
plus durable, on lui donnait du corps
et un affermissement encore plus sûr,
qui en a conservé quelques-uns jusqu'à nos jours, en y plaçant de loin
en loin une ou deux feuilles de parchemin.

Vers le huitième ou le neuvième
siècle, le papier d'Égypte commença
à être moins en usage, et il fut entièrement abandonné par l'introduc-

tion d'un papier d'une meilleure
étoffe, qui se faisait alors avec du
coton broyé. Les Européens, qui n'en
avaient pas la matière, et qui en-
voyaient de grandes sommes d'argent
en Asie pour en tirer cette marchan-
dise si usuelle, essayèrent d'en faire
avec leur fil de lin et de chanvre. Ces
filamens leur parurent d'abord in-
traitables par l'excès de leur longueur
et de leur dureté ; mais enfin on s'a-
perçut que, quand ils avaient été
employés en toile, et assouplis par
l'usage, ils se trituraient parfaitement :
découverte heureuse, qui prolongea
la durée des livres par la bonté de la
matière, qui en aida la multiplica-
tion par la modicité du prix, et qui
en facilita la lecture par l'opposition
du noir de l'encre sur un fond bien
blanc. L'invention du papier de chiffons attira chez nous, vers les trei-

zième et quatorzième siècles, cette importante partie du commerce; et le papier dont on se sert aujourd'hui dans toutes les parties du monde, n'est qu'un composé de chiffons et de vieux linges qui ne sont plus propres à rien.

CLÉMENTINE. A quel peuple, papa, devons-nous cette inestimable invention?

M. DABLAINVILLE. On doit la rapporter aux Chinois, chez lesquels on trouve, de temps immémorial, du papier très-beau. Cependant la matière de leur papier n'est pas en tout semblable à la nôtre. Ils emploient la seconde écorce du bambou et d'autres plantes, qu'ils broyent avec de l'eau claire; ils se servent aussi du coton et de la soie. Les Japonais font le leur avec l'écorce d'une espèce de mûrier qu'ils nomment *Kandsi*; ce papier est si fort qu'on peut en faire des cordes.

CAROLINE. Vous nous avez parlé de parchemin ; qu'est-ce que c'est, papa, que le parchemin ?

M. DABLAINVILLE. Le parchemin ordinaire se fait avec de la peau de mouton. On le polit avec la pierre ponce. Le parchemin fait avec de la peau de veau est beaucoup plus fin ; il reçoit le nom particulier de *vélin*. Il est encore un parchemin de peau d'agneaux et de chevreaux avortés : c'est le plus blanc, le plus uni et le moins susceptible de se tacher ; on le nomme *parchemin vierge*.

Eumènes, suivant les uns, ou Attale, selon d'autres, roi de Pergame, s'étant proposé d'établir une bibliothèque aussi considérable, ou même plus magnifique que celle qui avait été formée à Alexandrie par Ptolémée-Soter, roi d'Égypte, celui-ci défendit l'exportation du papyrus ; il fallut donc songer à se procurer une autre matière, et on inventa à Pergame la préparation du parchemin, environ trois cents ans avant l'ère vulgaire, vers le milieu du V.ᵉ siècle, après la fondation de Rome. Ce mot de parchemin vient du nom de la ville où eut lieu l'invention.

« Mon ami, observa madame Dablainville, j'aperçois depuis quelques instans l'impatience d'Alexandre et de ses sœurs d'aller visiter la boutique du

LIBRAIRE

dont nous avons vu les rayons garnis de quantité de belles reliures ; vous ne vous opposez pas à leur désir, n'est-ce pas ? »

M. DABLAINVILLE. En effet, mes enfans, une telle envie de votre part ne doit pas me surprendre, car je vous sais tous amateurs de livres ; c'est un goût tres-louabe, surtout quand on se plaît à la lecture des bons ouvrages: c'est par eux qu'on s'instruit, c'est avec eux qu'on se désennuie. Le marchand, à ce que je vois, n'aura pas en vous de mauvais chalands.

ALEXANDRE. Je ne conçois pas qu'on puisse ne pas aimer à lire : c'est un passe-temps si agréable et en même temps si utile! Quant à moi, lorsque je serai riche, je veux avoir une belle bibliothèque comme la vôtre, papa.

M. DABLAINVILLE. En attendant, je vais toujours te procurer les moyens d'augmenter celle que tu as : voici trois louis ; employe-les comme tu le jugeras convenable ; je te laisse maître de ton choix : en voici autant pour Clémentine et Émilie.

CAROLINE. Et moi, papa, est-ce que je n'aurai pas de livres ?

M. Dablainville. Comment ! tu en veux aussi ? mais je ne te croyais occupée que de tes poupées?

Caroline. J'aime à jouer avec mes poupées, il est vrai, papa ; mais cela ne m'empêche pas d aimer aussi à lire.

M. Dablainville. En ce cas, je ne puis te refuser la même satisfaction qu'à tes frère et sœurs : je te permets donc de prendre le livre qui te plaira. Je te conseille seulement de le choisir avec des figures ; il t'amusera davantage.

Les enfans de M. et de Mme. Dablainville n'étaient pas préparés à faire une telle dépense ; on pense donc qu'ils ne furent pas d'abord sans quelqu'embarras. Que de livres ne fallut-il pas déranger de leur place avant qu'ils arrêtassent leur choix! Dans leur indécision, ils recoururent aux conseils de leur papa et de leur maman, et, d'après leur assentiment, Alexandre se détermina pour les *OEuvres de Rollin* et le *Voyage du jeune Anacharsis en Grèce* ; Clémentine et Émilie se décidèrent pour une *Collection de Classiques Français stéréotypes* ; et la petite Caroline eut pour sa part les *OEuvres de Berquin*. On recommanda à plusieurs reprises au domestique chargé de porter le précieux paquet à la voiture, de ne pas le laisser tomber, dans la crainte que les reliures ne vinssent à s'abîmer par la chute ; puis on s'achemina vers une autre boutique.

Chemin faisant, Alexandre interrogea son papa pour savoir le plus ou moins d'ancienneté de l'art de l'imprimerie.

M. Dablainville. Les Européens modernes ont l'honneur de cette invention, la conservatrice de toutes les autres. Elle est si importante, que plusieurs villes ont revendiqué la gloire d'avoir donné naissance à ses premiers auteurs. Parmi les villes rivales, Mayence a, suivant l'opinion commune, le plus de droit dans ses prétentions. Jean Guttemberg, habitant de cette ville, et le premier qui ait eu l'idée de l'imprimerie, fit, vers 1440, plusieurs tentatives pour réussir; mais n'ayant point eu le succès qu'il en espérait, il eut recours à Jean Faust, homme riche de la même ville. Leurs efforts réunis ne produisirent encore que des essais imparfaits, et leurs premiers travaux se réduisirent à graver des caractères sur des planches de bois, ce que les Chinois avaient fait avant eux. Ils s'associèrent ensuite Pierre Schœffer, domestique de Faust, qui devint depuis le gendre de ce dernier ; et ce nouvel associé, beaucoup plus intelligent et plus industrieux , leur fit sentir bientôt les inconvéniens de cette méthode longue et embarrassante de graver sur des planches en bois. Ce fut alors qu'ils imaginèrent des caractères mobiles. Ils les firent d'abord en bois; mais ces lettres n'avaient jamais entre elles la même ressemblance pour l'œil ; elles péchaient aussi par le défaut d'égalité parfaite, et formaient toujours un alignement vicieux. A force de recherches, Schœffer imagina enfin de graver des poinçons avec lesquels il frappa des matrices qu'il surmonta d'un moule dans lequel il coula du métal fondu. Cette idée heureuse donna pour lors naissance à l'imprimerie telle qu'elle est et qu'elle devait être , et le premier ouvrage que l'on croit avoir été imprimé

avec ces caractères, est une Bible la
tine, sans date, exécutée entre les années 1450 et 1455.

ALEXANDRE. Cette heureuse découverte ne dut pas manquer d'être bien
accueillie, car elle le méritait?

M. DABLAINVILLE. Non sans doute.
L'art de l'imprimerie fut bientôt
connu et imité dans toutes les villes
où l'étude des lettres était en honneur. Rome, Venise, Milan, Stras-
bourg, Londres et Paris eurent des
imprimeries. Ce fut vers 1469 que
l'imprimerie s'exerça dans la capitale
de la France. On doit son établissement aux docteurs de la Sorbonne,
qui appelèrent à Paris trois impri-
meurs de Mayence, Ulric Géring, né
à Munster, Martin Crantz et Michel
Friburger. On les plaça dans la maison même de la Sorbonne. Géring
amassa de grands biens par la pra-

14*

tique de son art ; et en reconnaissance de ce qu'il devait à la Sorbonne, il lui légua une partie de son héritage, pour être employée à l'instruction de la jeunesse. C'était faire un noble usage d'une fortune qu'il devait aux moyens mêmes qui répandent les sciences !

ALEXANDRE. Mais avant l'invention de l'imprimerie, comment les auteurs pouvaient-ils faire connaître leurs ouvrages, et comment a-t-on pu conserver jusqu'à nos jours les œuvres immortelles de ces beaux génies de l'antiquité que l'on nous fait traduire dans nos colléges ?

M. DABLAINVILLE. C'est par le moyen de l'écriture, cet art en quelque sorte divin, dont les causes simples sont néanmoins des plus fécondes dans leurs effets. On ne peut songer sans admiration que quelques lignes cour-

bes et droites deviennent propres,
par leurs combinaisons diversifiées,
à exprimer ce que l'esprit peut concevoir de plus brillant, ce que le
cœur peut renfermer de plus secret,
ce que les perceptions de l'entende-
ment peuvent avoir de plus délicat.
Au moyen de ces figures peu compliquées dans leurs configurations,
l'homme se transporte, pour ainsi
dire, aux extrémités de la terre pour
y faire connaître ses sentimens, pour
y donner des ordres, pour y conver-
ser familièrement avec ses amis : on
le voit, on l'entend, on lui parle ;
quelques caractères opèrent ce mi-
racle ; ils font naître la joie ou la douleur, la crainte ou l'espérance ; enfin
ils excitent dans l'âme ce que sa personne ou ses paroles auraient pu pro-
duire.

ALEXANDRE. A ce que je vois, l'art de l'écriture doit dater de loin?

M. DABLAINVILLE. De tous les tems, dans tous les pays, et chez tous les peuples, on a cherché les moyens de conserver la mémoire des événemens et des-découvertes qu'on a cru devoir intéresser la postérité. Cependant le plus satisfaisant de tous, l'écriture, c'est-à-dire, *l'art de peindre la parole et de parler aux yeux*, n'a été connu qu'assez tard. Pour transmettre le souvenir des faits importans, on a successivement imaginé différentes pratiques. La tradition, aidée de quelques monumens grossiers, est le premier moyen qu'on ait employé pour parvenir à ce but. L'usage était, dans les premiers siècles, de planter un bois, d'élever un autel ou des monceaux de pierres, d'établir des fêtes, et de composer des espèces de cantiques, à l'occasion des événemens remarquables.

Presque toujours on donnait aux lieux où s'était passé quelque fait intéressant, un nom relatif à ce fait et à ses circonstances.

On y substitua bientôt la représentation informe des objets corporels. Les Égyptiens eurent des hiéroglyphes. Dans ces espèces de peinture, une seule figure était le symbole ou l'image de plusieurs choses : s'il s'agissait de marquer un siége, les Égyptiens peignaient une échelle à escalader ; deux mains, dont l'une tenait un bouclier et l'autre un arc, désignaient une bataille.

Les Chinois firent usage de cordes nouées. Le nombre de nœuds de chaque corde, et l'assemblage de ces cordes, tenaient lieu de livre, qui servait à fixer dans l'esprit des hommes le souvenir des choses qui s'en seraient échappées. Ce même usage a été trouvé chez les Péruviens, à la seule différence qu'ils avaient des cordes de diverses couleurs, garnies de nœuds plus ou moins grands : ils les appelaient des *quipo*.

On ignore entièrement quel est l'homme qui, le premier, sentant que le discours, quelque varié et quelqu'étendu qu'il puisse être pour les idées, n'est pourtant composé que d'un petit nombre de sons, entreprit de leur assigner à chacun un caractère représentatif, et forma ainsi le premier alphabet. On sait seulement que Cadmus, fils d'Agénor, roi de Phénicie, donna connaissance des caractères aux Grecs, et qu'Évander, roi d'Arcadie, l'enseigna deux cents ans après aux peuples de l'Italie. Cette manière de représenter toutes les pensées et les objets que nous avons coutume de désigner par ces sons, parut si simple et si facile, qu'elle fit une fortune rapide. Dès-lors on eut la possibilité de fixer invariablement ses idées , de les faire connaître aux autres, et de répandre les lumières acquises dans les sciences et dans les arts : on put former ces immenses bibliothèques d'Alexandrie et de Constantinople, dépôts précieux des richesses de l'esprit humain, des inventions curieuses, des résultats de la longue expérience des nations policées, qui ont été détruites, l'une par le feu de la guerre, du tems de Jules-César, l'an 48 avant Jésus-Christ, et la seconde par celui du fanatisme, sous les empereurs turcs.

Vous sentez, mes enfans, que cette méthode de transcrire les ouvrages à

la main , était longue et pénible ;
aussi les livres étaient-ils alors rares
et très-chers. Mais aujourd'hui l'imprimerie , cet art ingénieux , supérieur à celui d'écrire , en multipliant
les copies avec une rapidité aussi
surprenante que la ressemblance
qu'elle leur donne à toutes , assure
aux sciences et aux arts une existence
aussi permanente que celle du monde,
et les perpétue en même temps dans
toutes les parties de la terre.

Cet entretien les conduisit jusque
chez le

BONNETIER.

La petite Caroline, pour qui tout était
un sujet d'amusement, s'écria en approchant : « Oh! voyez donc, maman, ce vieux campagnard , comme
il tourne et retourne dans ses mains

ces deux paires de bas chauds et moelleux ! A son air préoccupé en tirant sa bourse, on dirait qu'il calcule en lui-même si ce qu'elle contient lui permet de se donner plus d'une paire de ses bas favoris. »

Mme DABLAINVILLE. Cet homme agit comme toute personne raisonnable doit faire. Sans doute il n'est pas riche, et il réfléchit, avant d'acheter, si une telle dépense ne le gênera pas.

CAROLINE. Je crois avoir vu de pareils bas à mon grand-papa; mais je ne saurais dire quelle en est l'étoffe.

Mme. DABLAINVILLE. Ce sont des bas de laine. Les vieillards infirmes les préfèrent à tous autres, parce qu'ils les garantissent mieux du froid et de l'humidité. Ceux que tu portes sont de coton. On en fait aussi de soie, de filoselle, de chanvre ou de lin filé.

15*

La toison des brebis fournit la laine.
Le coton est le produit d'un arbre
d'Asie et d'Amérique, appelé coton-
nier. La soie est le fil qui couvre la
coque d'un ver qui se nourrit de
feuilles de mûrier, et dans laquelle il
s'enferme, quand il a achevé de filer.
La filoselle, appelée aussi fleuret ou
bourre de soie, est le fil formé de ce
qui reste des cocons lorsqu'on a en-
levé toute la bonne soie. Tu sais ce
que c'est que le chanvre et le lin; ton
papa nous a expliqué chez la lingère
comment on les recueillait et les tra-
vaillait.

M. Dablainville. Autrefois l'on ne
se servait communément en France
que de bas ou chausses de drap ou
de quelqu'autre étoffe de laine dra-
pée; depuis que l'on a inventé les bas
au tricot, et que l'on a trouvé la ma-

nière d'en fabriquer sur le métier avec les diverses matières dont votre maman vous a parlé, l'usage des bas d'étoffe s'est entièrement perdu. Ces sortes de bas, soit au tricot, soit au métier, sont des espèces de tissus formés d'un nombre infini de petits nœuds ou bouclettes entrelacées les unes dans les autres, que l'on nomme des mailles. Vous connaissez la manière de faire les bas au tricot, appelés aussi bas à l'aiguille, puisque toutes trois vous savez tricoter : quoique le travail en soit simple, il est tel, cependant, que ni la gravure, ni aucune description ne seraient propres à le faire concevoir. On ne peut précisément dire à qui l'on doit l'invention du tricot. Ceux qui la rapportent aux Ecossais, se fondent sur ce que les premiers ouvrages au tricot qu'on ait vus en France, venaient d'Écosse.

Les bas au métier se manufacturent par le moyen d'une machine de fer poli, très-ingénieuse, dont il n'est pas possible de bien décrire la construction, à cause de la diversité et du nombre de ses parties, et dont on ne comprend même le jeu qu'avec une certaine difficulté, quand on l'a devant les yeux. Ce métier est une des machines les plus compliquées et des plus conséquentes que nous ayons : on peut la regarder comme un seul et unique raisonnement dont la fabrication de l'ouvrage est la conclusion ; aussi règne-t-il entre ses parties une si grande dépendance, qu'en retrancher une seule, ou altérer la forme de celles qu'on juge les moins importantes, c'est nuire à tout le mécanisme. Ce qui doit encore ajouter à l'admiration, c'est que cette machine est sortie des mains de son inventeur presque dans l'état où nous la voyons. La main d'œuvre est fort peu de chose; la machine fait presque tout d'elle-même : son mécanisme en est d'autant plus parfait et plus délicat.

On tombe dans l'étonnement à la vue des ressorts presqu'innombrables dont cette machine est composée, et du grand nombre de ses divers et extraordinaires mouvemens. Combien de petits ressorts tirent le fil de soie, de coton ou de lin à eux, puis le laissent aller pour le reprendre et le faire passer d'une maille dans l'autre d'une manière inexplicable, et tout cela sans que l'ouvrier qui remue la machine, y comprenne rien, en sache rien, et même y songe seulement ! En un clin d'œil cette machine forme des centaines de mailles à la fois, c'est-à-dire qu'elle fait en un moment tous les divers mouvemens que les mains ne font qu'en plusieurs heures. Quelque jour, mes enfans, je vous menerai voir un de ces métiers, qui méritent bien votre curiosité.

Les Anglais se vantent d'en être les inventeurs ; mais c'est en vain qu'ils en veulent ravir la gloire à la France. Tout le monde sait présentement qu'un Français, ayant inventé cette surprenante et utile machine, et trouvant quelques difficultés à obtenir un privilége exclusif pour s'établir à Paris, passa en Angleterre, où sa machine fut admirée, et où lui-même fut magnifiquement récompensé. Les Anglais devinrent si jaloux de cette nouvelle invention, qu'il fut longtemps défendu , sous peine de la vie, de transporter hors de leur île aucune machine à faire des bas , ni d'en donner aucun modèle aux étrangers. Mais si ce fut un Français qui inventa cette belle machine , ce fut aussi un Français qui la rendit à sa patrie, et qui , par un effort prodigieux de mémoire et d'imagination , fit, à Paris, en 1656 , au retour d'un voyage à Londres , le premier métier sur lequel ont été faits tous ceux qu'on voit en France , en Hollande et partout ailleurs.

CAROLINE. L'histoire du ver qui produit le fil de soie dont on fabrique les plus belles et les plus riches étoffes de nos robes, de nos fichus et de nos chapeaux , doit être intéressante, et je voudrais bien la connaître.

M. DABLAINVILLE. Parmi les nombreuses espèces de chenilles qui existent, il n'en est pas, il est vrai, qui soit plus digne de notre attention et de notre intérêt que le ver à soie. Avant leur naissance, les vers à soie sont renfermés dans de petits œufs de la grosseur d'une tête de camion, que l'on conserve en un lieu sec, jusqu'au retour du printemps. Alors on les expose à une chaleur douce, et l'on en voit sortir de petits vers grisâtres que l'on met soudain sur des feuilles détachées d'un arbre qu'on appelle mûrier, qu'ils aiment de préférence pour leur nourriture. Ils grossissent fort vite, car aussitôt qu'ils sont nés, ils se mettent d'un grand appétit à manger de ces feuilles, et ils en mangent tout le long de la journée. Au bout de neuf à dix jours, leur peau se détache de leur corps, et ils paraissent beaucoup moins hideux avec leur robe nouvelle. Ils en changent trois fois encore, de sept jours en sept jours, et à la dernière ce sont de jolis vers très-blancs, à peu près de la longueur et de la grosseur de l'un de vos doigts. Ils commencent bientôt à devenir jaunâtres et transparens; leur corps grossit et se ramasse, et ils cessent absolument de manger : c'est le temps où ils se disposent à se mettre à l'ouvrage. Ils grimpent le long de petits brins de genêt ou de bruyère, qu'on plante autour d'eux, en forme d'arcades, et attachent d'abord, de tous côtés, des soies qu'ils filent un peu grosses, pour y suspendre leur coque. Ils en forment l'extérieur avec une espèce de bourre, c'est ce qu'on nomme fleuret ; puis au-dessous de cette enveloppe grossière ils commencent leur véritable coque, en appliquant des fils plus déliés à cette bourre, qu'ils foulent continuellement avec leur tête, pour donner à l'intérieur de leur édifice une forme ronde et de la capacité d'un œuf de pigeon. Dès le premier jour, ils se dérobent entièrement à l'œil, sous l'épaisseur de leur travail ; mais la besogne n'est pas encore achevée : il leur faut un ou deux jours de plus pour terminer en dedans leur ouvrage. Le dernier tissu, qui les environne immédiatement, est le plus difficile, car il est plus serré que l'étoffe la mieux fabriquée.

C'est de ces coques, appelées ordinairement cocons, que l'on tire d'abord le fleuret, qui sert à faire la filoselle, et ensuite la soie. Si nous venions à perdre ces insectes, il n'y aurait plus ni taffetas, ni satin, ni velours.

Pour retirer la soie, on jette dans l'eau bouillante tous les cocons, excepté ceux que l'on réserve pour avoir des œufs, comme je vous le dirai tout à l'heure. Les personnes accoutumées à ce travail en ont bientôt trouvé le premier bout. Elles sont obligées de joindre plusieurs brins ensemble, pour en faire un d'une grosseur raisonnable, et elles le dévident sur de petites bobines. Croiriez-vous que chacun de ces fils a près de mille pieds de longueur?

Je vous ai dit que l'on mettait à part les cocons destinés à donner des œufs. Si vous en ouvrez un avec des ciseaux, que pensez-vous que l'on trouve au-dedans? Un ver à soie? Non, rien qui lui ressemble. On n'y trouve plus qu'une chrysalide, c'est-à-dire un petit corps sans tête ni pattes qu'on puisse voir. Vous le prendriez pour une fève desséchée. Cependant si vous touchez une de ses extrémités, vous le voyez se remuer un peu, ce qui annonce qu'il n'est pas mort. En effet, là-dessous est un papillon bien emmailloté, qui déchire ses langes au bout de vingt jours, perce lui-même sa coque, et en sort avec deux yeux noirs, quatre ailes, de longues jambes, et un corps couvert d'un léger duvet. Le mâle et la femelle font aussitôt leur petit mé-nage ; et lorsque celle-ci a pondu ses œufs, au nombre de quatre ou cinq cents, ils meurent l'un et l'autre, laissant pour l'année suivante une nombreuse famille propre à leur succéder.

Je serais bien aise, mes amis, que vous pussiez étudier de vos propres yeux les merveilles opérées par la nature dans les métamorphoses et le travail de ces insectes; ainsi si vous voulez élever quelques vers à soie, je vous en laisserai volontiers la satisfaction, et je me charge de vous instruire de tous les soins qu'ils demandent. Leur éducation entraîne beaucoup d'embarras dans un pays comme le nôtre, où l'inconstance des saisons exige qu'ils soient continuellement renfermés dans de grandes chambres. Il est des pays, au contraire, les Indes orientales, par exemple, où ils naissent sur les mûriers, se nourrissent d'eux-mêmes, et filent parmi les feuilles.

Alexandre. Ce doit être alors un joli coup-d'œil de voir ces cocons briller comme des prunes d'or et d'argent, au milieu de la verdure !

Madame Dablainville avait profité du temps que son mari parlait pour faire ses emplettes chez le bonnetier ; dès qu'elle fut servie, elle vint rejoindre sa petite famille. Alexandre lui montra la boutique d'un

TAILLEUR,

en lui rappelant que son intention était de lui faire faire un nouvel habit.

« Il est vrai, mon ami, lui dit sa maman, que j'ai résolu de te faire habiller à neuf ; mais le tailleur de ton papa travaille très-bien ; ainsi je ne vois pas de raison de le changer. Néanmoins, comme celui-ci paraît vendre du drap, nous pouvons entrer chez lui, peut-être aura-t-il ce qui te convient. »

Clémentine, Emilie et surtout Caroline ne furent pas fâchées de la détermination de leur maman, parce qu'elles avaient aperçu ce marchand occupé avec deux étrangers qu'à leur tournure elles jugeaient devoir être des Anglais, et qu'elles étaient curieuses d'entendre leur baragouin.

« Vous avez fait là à moi, mon-
» sieur le tailleur, disait l'un d'eux
» d'une corpulence vraiment effrayan-
» te, un habit qui ne pose pas bien
» du tout; il est trop gêné.

— » Je vous assure, milord, qu'il vous va à merveille; il vous emboîte parfaitement, et ne fait aucun pli.

» — Ceci est possible, mais j'aime à être en aisée circonstance dans mon habit, et vous n'avez pas habillé moi à ma propre manière.

— » Cependant, milord, votre habit est fait comme on les porte à présent.

— » C'est en quoi vous avez été dans le tort. J'ai en détestation la mode. Je prends mal à vous que vous n'avez pas imité la figure que je vous ai envoyée. Je n'ai pas la volonté d'être contraint de mettre dehors mon habit quand j'ai mangé un bon dîner.

— » Puisque vous le voulez, milord, j'élargirai votre habit, et vous n'aurez plus à vous plaindre qu'il soit trop étroit.

— » Oui, cela en vérité, je le veux ainsi. Vous aurez application de le porter à moi demain matin à la bonne heure. »

Cela dit, il partit suivi de son ami

dont la stature effilée, le corps mince, les jambes menues, témoignaient visiblement que ses repas ne lui profitaient pas autant qu'à son compatriote.

De quelles expressions comiques se servait cet étranger, dit Émilie, en pouffant de rire, aussitôt que les Anglais eurent les talons tournés, et quel ton original il y mettait! je croyais entendre coasser un corbeau. »

A cette saillie maligne, Alexandre, Clémentine et Caroline, qui jusqu'à ce moment étaient parvenus, quoiqu'avec peine, à garder leur sérieux, n'y tinrent plus et éclatèrent. Madame Dablainville fronça le sourcil. « Votre remarque, ma chère, dit-elle sèchement à sa fille, est aussi inconvenante que peu charitable, et vous avez tous grand tort d'en rire. Si tu avais réflé-

16*

chi, mon enfant, ajouta-t-elle d'un ton radouci, combien il est difficile de s'exprimer dans une langue qui n'est pas la sienne, à moins d'en avoir fait une étude longue et approfondie dans le pays même où on la parle, ce que, sans doute, cet étranger n'a pas été à portée de faire, tu aurais eu plus d'indulgence, et tu ne te serais pas permis de te moquer de lui. Vois aussi ce que produit le mauvais exemple : ton frère et tes sœurs, plus sages que toi, s'étaient contenus, et ta réflexion étourdie les a forcés de t'imiter. »

Émilie sentit l'énormité de la faute qu'elle venait de commettre ; elle en fut toute confuse et près de pleurer ; deux larmes même s'échappèrent de ses beaux yeux. Sa maman, voyant son affliction, lui dit pour la consoler,

qu'elle ne lui gardait pas de rancune,
parce qu'elle savait très-bien que son
action provenait d'inconséquence et
non d'un mauvais cœur; qu'ainsi
elle lui pardonnait d'autant plus
volontiers, qu'elle était persuadée que
cette petite leçon lui servirait pour
l'avenir. L'indulgente bonté de cette
excellente mère ramena la sérénité
dans l'esprit de la jeune personne,
et elle promit avec l'effusion d'un cœur
vraiment repentant, de ne plus désormais critiquer personne.

« Oublions donc, termina Madame
Dablainville, le petit événement qui
s'est passé; qu'il n'en soit plus ques-
tion, et écoutons votre papa, qui va
nous dire de quelle manière se sont
vêtus les hommes dans l'origine, et
par quels degrés ils ont pu parvenir
à fabriquer toutes les belles étoffes que

nous employons dans nos vêtemens.

Le commencement de la semonce faite à Émilie aurait terrifié des enfans moins soumis et moins dociles que les nôtres ; l'heureuse tournure qu'elle prit à la fin les combla de joie , et ils prêtèrent une oreille attentive au discours de leur papa.

M. Dablainville. De tous les arts, ceux qui servent à nous habiller sont, après l'agriculture, les plus utiles, sans contredit, et les plus nécessaires. Il en est peu dont l'invention ait fait plus d'honneur à l'esprit humain , et où il ait montré plus de sagacité. L'usage des habits est dû à quelqu'autre cause qu'à la simple nécessité d'adoucir les injures de l'air. Il y a en effet bien des climats où cette précaution serait presque entièrement inutile ; cependant ,excepté quelques

peuples absolument sauvages et grossiers, toutes les nations ont été et sont
encore dans l'usage de se couvrir
d'habits plus ou moins élégans, proportionnément à leur goût et à leur
industrie ; nous voyons même que
les arts concernant les vêtemens ont
pris naissance dans les contrées où
la température de l'air exige le moins
que le corps soit couvert. Le besoin
n'a donc pas porté l'homme à se couvrir d'habits ; quelque raison a dû
encore l'y déterminer. Quoi qu'il en
soit d'une coutume si ancienne et si
universelle, il est certain que dans
tous les temps on s'est appliqué à
chercher des matières qui, couvrant
le corps, ne gênassent pas la liberté
de ses mouvemens. L'emploi de ces
matières a fait l'objet d'une étude
constante et réfléchie ; c'est à des

recherches et à des tentatives multi-
pliées, que nous devons cette multitude de tissus différens qui sont en
usage chez les peuples policés.

Nous retrouvons dans la manière
dont étaient vêtus les premiers hommes, des preuves bien sensibles de
leur état d'ignorance et de grossiè-
reté. Nul art et nulle industrie dans
l'emploi de ces matières, dont on a
fait d'abord usage pour se couvrir.
On s'en servait telles que la nature les
offrait ; on choisissait celles qui de-
mandaient le moins de préparations.

Plusieurs nations se couvraient an-
ciennement d'écorce d'arbres; d'autres, de feuilles, d'herbes et de joncs
entrelacés grossièrement. Les nations sauvages nous retracent encore
aujourd'hui un modèle de ces anciens
usages. La peau des animaux paraît

cependant avoir été la matière la plus universellement employée dans les premiers temps.

A mesure que les sociétés se sont policées, on a cherché des vêtemens plus propres et plus commodes que les écorces, les feuilles, les joncs et les peaux. On s'aperçut qu'on pouvait faire un meilleur usage de la dépouille des animaux. On trouva les moyens d'en séparer la laine ou le poil, et d'en former des vêtemens aussi chauds et aussi solides, mais plus souples que les cuirs et les fourrures. Les premières étoffes dont vraisemblablement l'idée se sera présentée, auront été des espèces de feutres. On aura commencé par lier et unir, à l'aide de quelque matière glutineuse, différens brins de laine ou de poil : on sera parvenu de cette manière à former une étoffe assez souple et d'une épaisseur à peu près uniforme. Les anciens faisaient grand usage de feutres.

C'était quelque chose d'avoir imaginé de séparer le poil et la laine de la peau de animaux. On n'eût pourtant pas tiré un grand avantage de cette invention, si on n'avait pas trouvé le secret de réunir, par le moyen du fuseau, ces différens brins, et d'en faire un fil continu ; cette invention remonte à une très-haute antiquité. La tradition de presque tous les peuples donne à des femmes la gloire d'avoir inventé l'art de filer, de tisser les étoffes et de les coudre. Il est probable qu'on aura fait bien des essais avec les matières filées, et composé différens ouvrages, comme des tresses, des réseaux, jusqu'à ce qu'enfin on ait trouvé le tissu à trame et à chaîne, invention la plus utile peut-être qui soit dans la société. En effet, c'est par le moyen de cet art que nous formons, de presque toutes les matières qui nous environnent, des tissus propres à nous couvrir d'une manière également commode et élégante.

A considérer la quantité et la diversité des machines que nous employons maintenant dans la fabrique de nos étoffes, on ne se persuaderait pas facilement que, dans les premiers siècles, les hommes aient pu se procurer rien de semblable, ou qui ait pu en approcher. Il est cependant aisé de le concevoir, si, au lieu de s'arrêter à nos pratiques ordinaires, on réfléchit aux métiers qui sont encore d'usage chez plusieurs peuples : la

17*

simplicité et le nombre des outils dont on se sert encore présentement dans les Grandes-Indes, en Afrique et en Amérique, peuvent expliquer comment, dans des temps reculés, on sera parvenu à fabriquer des étoffes. Quoique privés de la plus grande partie des connaissances dont nous jouissons, les ouvriers de ce pays exécutent des étoffes dont on ne peut se lasser d'admirer la finesse et la beauté : une navette et quelques morceaux de bois sont les seuls instrumens qu'ils emploient. Les premiers peuples auront donc pu, avec ces faibles secours, travailler de bonne heure des tissus à trame et à chaîne.

Les draps des anciens avaient même un avantage sur les nôtres, c'est qu'on pouvait les laver et blanchir tous les jours. tandis qu'une sem-

blable opération gâterait la plupart
des nôtres : sans doute ils avaient
quelque secret particulier pour la
préparation de leurs draps, qui n'est
point parvenu jusqu'à nous.

Les poils des animaux sont la matière la plus abondante et la plus
généralement employée pour couvrir
l'homme. Le duvet du castor, le ploc
de l'autruche (1), le poil du cha-
meau, celui des chèvres d'Asie et d'A-
frique, la toison de la vigogne, qui
est la brebis du Pérou, ne sont que
la plus petite partie de cette riche
provision. C'est la laine de notre brebis
commune qui fait, avec les cuirs, la
plus sûre de nos défenses contre les
attaques des élémens.

---

(1) On nomme ainsi l'espèce de duvet qui
couvre les parties de ce bipède qui n'ont
point de plumes.

Il y a cependant plusieurs plantes, telles que le coton et le chanvre, et le produit du travail d'un insecte (le ver à soie), qui peuvent servir au même usage : la bourre du coton ayant beaucoup de ressemblance avec la laine, on en aura formé de bonne heure des tissus.

CLÉMENTINE. Il y a apparence, papa, que l'art du tailleur et de la couturière aura suivi la même progression que celui de la fabrication des étoffes.

M. DABLAINVILLE. Les peaux dont les hommes se servirent d'abord, telles à peu près qu'ils les enlevaient de dessus le corps des animaux, étant par elles-mêmes peu propres à couvrir le corps exactement et commodément, il fallut trouver l'art de les ajuster et d'en réunir plusieurs ensemble. La

plus grande partie du genre humain
a été longtemps sans connaître la fabrique du fil ; on a été obligé d'y
suppléer par quelqu'autre expédient :
on peut juger par les moyens qu'emploient aujourd'hui plusieurs peuples, de ceux qu'on aura employés
originairement. Les habitans du
Groenland (1) cousent leurs habits
avec des boyaux de chiens marins ou
d'autres poissons, qu'ils ont l'adresse
de couper très-minces, après les
avoir fait sécher au soleil. Les sauvages de l'Amérique et de l'Afrique
emploient au même usage les nerfs
des animaux ; on en aura usé de
même dans les premiers temps. A

(1) C'est-à-dire *Terre-Verte*, grand
pays entre le détroit de Davis et l'Océan
septentrional.

l'égard des instrumens propres à coudre les vêtemens, les os pointus, les arêtes et les épines auront tenu lieu, dans les commencemens, des alènes, des aiguilles et des épingles. Les anciens habitans du Pérou, qu'on peut, à bien des égards, regarder comme une nation très-éclairée, ne connaissaient ni les aiguilles, ni les épingles ; ils se servaient de longues épines pour coudre et attacher leurs habits.

Les hommes étant parvenus à préparer les laines, et après bien des essais, à en faire des draps, l'art de les tailler et de les assembler s'est aussi perfectionné.

La fabrication des étoffes a été poussée, de nos jours, aussi loin que l'industrie humaine a pu aller, et il n'est pas à présumer que cet art fasse

désormais de nouveaux progrès mar-
quans. Les étoffes de France, surtout,
ont acquis une telle supériorité sur
celles des manufactures étrangères,
qu'il s'en fait un débit considérable
dans les quatre parties du monde.
Les draps de Louviers, de Sedan et
d'Elbeuf, les casimirs de Rheims,
les soieries et les velours de Lyon et
de Nîmes, les piqués de Marseille,
les toiles peintes de Jouy et de Mul-
house, sont en réputation en Espagne, en Italie, en Allemagne, en
Russie, en Turquie, et même en
Angleterre, où pourtant on a le plus de
prétention d'exceller en toute chose ;
et les gens un peu fortunés de ces
divers pays ne portent presque point
d'autres étoffes que celles françaises.
Tel est l'avantage de la véritable perfection, qu'on ne peut la contester, et

qu'elle obtient partout la préférence.

Mais vous êtes, je le vois, mes enfans, pressés d'entrer chez

LE STATUAIRE.

Je me rends à votre désir. Les beaux
morceaux de sculpture qui ornent son
atelier, invitent effectivement à aller
les admirer.

Mme. Dablainville. Je pense, mon
ami, que vous feriez bien, avant de
satisfaire la curiosité de nos enfans,
de leur apprendre ce que fut l'art de
la sculpture dans son enfance; ce que
l'on rapporte de sa découverte, et
quelles sont les différentes matières sur
lesquelles travaillent les sculpteurs.

M. Dablainville. Je vous laisse ce
soin, madame : votre instruction dans
cette partie égale au moins la mienne;

ils ne perdront donc rien à vous avoir pour mon interprète.

Mme. DABLAINVILLE. La sculpture, mes enfans, est, vous le savez, un art qui, par le moyen du dessin et de la matière solide, imite les objets palpables de la nature. On serait tenté de croire que la sculpture a précédé le dessin : on trouve des sauvages et des hommes grossiers, qui taillent dans le bois et sur la pierre des figures et des ornemens, sans avoir la moindre idée du dessin. Les matières convenables à l'art de la sculpture, sont le bois, la pierre et les métaux ; mais la pierre est, de toutes, celle qui semble la plus propre aux ouvrages de sculpture : le marbre surtout, sous le ciseau d'un savant artiste, rend toute la tendresse, l'expression, les grâces et le fini de la nature ; néanmoins l'albâtre, pierre de la nature du marbre, mais moins dure et plus transparente, et le stuc , pierre composée de chaux et de marbre blanc , bien broyé, imitent et surpassent même les marbres les plus recherchés.

Parmi les peuples où ce bel art fut le plus en honneur, les Égyptiens tiennent le premier rang pour l'ancienneté. Les historiens grecs ont voulu placer la naissance de la sculpture dans leur pays, et ils en ont attribué l'invention à l'Amour. Ils disent qu'une jeune fille qui devait être séparée de son amant pour quelque tems , remarqua sur une muraille l'ombre de ce jeune homme dessinée par la lumière d'une lampe ; l'amour lui inspira l'idée de se ménager cette image chérie, en traçant sur l'ombre une ligne qui en suivit et marqua exactement le contour. Cette amante avait pour père un potier de Sycione, nommé Débutade. Cet homme ayant considéré l'ouvrage de sa fille, imagina d'appliquer de l'argile sur ces traits, en observant les contours tels qu'il les voyait dessinés ; il fit par ce moyen un profil de terre, qu'il mit cuire dans son fourneau. L'histoire ne dit rien d'assuré sur le temps auquel vivait ce Débutade, regardé par les Grecs comme le premier inventeur de la sculpture.

Il est très-difficile de fixer l'époque de l'origine de cet art, par le témoignage des anciens auteurs. On ne peut cependant pas douter de son antiquité, après ce qu'en disent les livres saints, qui sont les monuments les plus sûrs que nous ayons des siècles les plus reculés. Quoi qu'il en soit, ce que le

hasard avait fait naître aura bientôt
été réduit en art et en méthode ; on
se sera essayé, d'après les premières
épreuves, à représenter et à copier
les objets sans le secours de leur ombre. Peu à peu on aura accoutumé
la main à se laisser guider par l'œil
et à suivre les proportions que la vue
lui dictait.

Voici ce que l'on connaît de plus
certain sur les différens âges de la
sculpture.

Les premières statues furent de
terre et de cire modelées, matières
flexibles et plus aisées à traiter que
le bois et la pierre. Des modèles en
terre et en cire, on passa assez rapidement aux représentations en bois,
en pierre et en métal. On lit dans
l'Écriture que les Israélites adorèrent
un veau d'or dans le désert, et que

Moïse fit placer aux deux extrémités de l'arche d'alliance deux chérubins d'or. Du temps de Pausanias, on voyait dans la ville d'Argos un Jupiter en bois, qui passait pour avoir été trouvé dans le palais de Priam, lors de la prise de Troye. Les Égyptiens avaient un goût décidé pour les colosses et pour les figures gigantesques. Toutes leurs statues étaient sans élégance, sans grâce ; les bras étaient pendans et collés sur le corps ; les jambes et les pieds joints l'un contre l'autre, sans geste, sans attitude et sans correction. La sculpture ancienne dut sa perfection aux Grecs. Dypène et Scylles, tous deux Crétois, sont réputés les premiers qui aient tenté de sculpter et de polir le marbre à Sycione. Ce ne fut cependant que du temps de Périclès, plus de

cent cinquante ans après ces Crétois,
que la sculpture acquit ce caractère
de pureté, d'élégance, et ce degré
sublime auxquels elle parvint chez les
Grecs. L'art de la sculpture fut ap-
porté de la Grèce en Italie par Déma-
rate, père du premier Tarquin : deux
artistes célèbres qu'il amena avec lui,
communiquèrent cet art aux Toscans.
Les premières statues que l'on vit à
Rome, furent une représentation de
Jupiter en terre cuite, et quatre
chevaux de même matière, que Tarquin fit placer devant un temple.
Peu à peu l'art de la sculpture se
perfectionna chez les Romains, et y
parvint au même point que chez les
Grecs, mais cultivé par des artistes
grecs. Les plus beaux morceaux
qui nous viennent des anciens sont :
l'Apollon du Belvédère, la Vénus de

Médicis , et le groupe de Laocoon et de ses enfans.

L'art de la sculpture avait été entièrement négligé dans le moyen âge : l'Italie est le pays où il fut remis en honneur. Les Italiens surnommèrent *Nicolas Pisano*, l'un de leurs sculpteurs, mort en 1270, le restaurateur du bon goût de la sculpture. Plusieurs artistes, Italiens de nation , tels que *Michel-Ange* , ont également excellé dans la peinture et la sculpture.

Nous avons eu aussi en France des sculpteurs célèbres , dont les ouvrages peuvent être mis en parallèle avec ceux des anciens. Le premier sculpteur dont la France puisse véritablement se glorifier , est Jean Goujon, de Paris : son plus considérable ouvrage fut la fontaine des Nymphes, appelée *des Innocens*, terminée en 1550. L'antiquité n'a rien de plus beau à nous offrir que les chefs-d'œuvre des Girardon, des Coisevox, des Coustou, des Bouchardon, des Pigalle, des Lemoine, des Flotz, des Falconet et des Pujet.

La famille Dablainville étant pour lors entrée chez le sculpteur, cet artiste lui proposa de la conduire dans un riche musée, attenant à son atelier, où, entre autres modèles en divers genres, étaient représentés la plupart des dieux de la fable ; ce que l'on accepta avec plaisir. Le bel ordre qui régnait dans cette galerie, et le spectacle magnifique qu'elle présentait, ravirent les jeunes gens d'admiration : effet que ne manque jamais deproduire le beau, sur une âme qui, pour la première fois, éprouve l'empire de ses charmes.

« Puisque nous sommes au milieu des dieux de l'Olympe, dit M. Dablainville, nous allons, ma petite Caroline, te faire faire connaissance avec eux. Tu ne sais encore rien de la mythologie; c'est une excellente occasion d'en recevoir une première leçon.

CAROLINE. Permettez, papa, qu'entend-on par la mythologie?

M. DABLAINVILLE. La mythologie est l'histoire des fausses divinités qu'adoraient les anciens peuples qui, un seul excepté, les Juifs, étaient tou plongés dans l'idolâtrie.

CAROLINE. Je vous comprends, papa ces fausses divinités étaient des êtres imaginaires, que la superstition avait déifiés.

M. DABLAINVILLE. Pas tout-à-fait, ma fille : beaucoup de ces faux dieux ont été des hommes d'un génie supérieur à

18*

leur siècle; et comme ils ont rendu de grands services aux humains , en leur enseignant les arts qui adoucissent et embellissent la vie , leurs contemporains ignorans les ont pris pour des êtres au-dessus d'eux , et leur ont adressé des hommages qui ne sont dus qu'à la Divinité. La poésie, qui ne dit jamais rien naturellement, et qui embellit tous les faits historiques de circonstances surnaturelles, a contribué à donner du cours à la fable.

Caroline. Puisque la mythologie n'est qu'un composé de faussetés, à quoi peut servir cette science?

M. Dablainville. A nous mettre en état de reconnaître et d'apprécier les chefs-d'œuvre des grands peintres et des sculpteurs célèbres, dont la plus grande partie des tableaux et des statues sont empruntés de la fable : elle nous apprend à distinguer les symboles qui caractérisent ordinairement chacune de ces fausses divinités, et à goûter les productions sublimes des grands artistes de tous les temps et de tous les pays.

Mais pour ne pas abuser de la complaisance du sculpteur, commençons notre examen : je te recommande, ma chère petite, d'être attentive à ce qui se dira. Alexandre, quel est ce dieu plein de majesté, dont les traits annoncent un caractère inflexible ?

ALEXANDRE. C'est le Destin : le livre qui est à ses pieds, et l'urne qu'il tient dans sa main, renferment le sort de tous les hommes.

Mᵐᵉ. DABLAINVILLE. Et ce vieillard triste et pâle, dont la barbe est si longue et si blanche, et qui paraît courbé sous le poids des années ?

Alexandre. C'est Saturne, sous la figure du Temps. Sa vieillesse annonce qu'il s'est écoulé bien des siècles depuis la création du monde ; la faux dont il est armé, marque qu'il détruit tout ; les aîles qu'on lui voit aux épaules, désignent sa rapidité ; et le sablier qu'il a à sa main, exprime les vicissitudes des événemens qui se succèdent et se renouvellent sans cesse ; quelquefois, au lieu du sablier, on lui donne un aviron.

Caroline. Voici un bien vilain homme, qui mange des enfans !

Alexandre. C'est encore Saturne : il n'était que le second fils de Cœlus. Titan, son frère, en qualité d'aîné, devait succéder à la puissance de leur père ; mais il abandonna ses droits

à son cadet, à condition qu'il n'é-
leverait aucun enfant mâle. On le
représente ici dévorant ses enfans au
moment de leur naissance, pour satisfaire à ses engagemens. Comme
Saturne et le Temps ne sont que le
même personnage, cette allégorie
signifie que le temps dévore tous les
hommes, les uns après les autres.

Mme. DABLAINVILLE. Quelle est,
Clémentine, cette femme assise, tenant une corne d'abondance, dont la
robe est parsemée de pierres précieuses et de fleurs de toute espèce,
et qui a des animaux à ses pieds?

CLÉMENTINE. C'est Cybèle, épouse
de Cœlus, mère de Saturne et déesse
de la Terre. Elle est assise, pour marquer la solidité de la terre ; elle porte
un disque ou tambour plat, symbole
des vents qu'elle renferme. Sa tête

est couronnée de créneaux, et chargée d'une tour, parce qu'elle apprit aux hommes à s'enfermer dans des murailles ; la clef qui est suspendue à sa main , indique que la terre ouvre son sein à toutes les productions ; et les animaux qui l'environnent, désignent qu'elle est la mère de tout ce qui a vie sous le ciel.

M. Dablainville. Quittons Cybèle, et considérons ce groupe de femmes au milieu desquelles est un petit enfant qu'une chèvre allaite.

Alexandre. Cet enfant est celui qu'on appelle le père des dieux et des hommes, le grand Jupiter, fils de Saturne et de Rhée. Jupiter étant né avec Junon , Rhée voulut le soustraire à la cruauté de Saturne , ce qu'elle fit en lui présentant Junon, et au lieu de Jupiter, une pierre emmaillotée, que ce frère ambitieux et cruel avala sur le champ. Elle donna Jupiter à élever aux Corybantes, qui l'emportèrent dans la Crète, où il fut allaitée par la chèvre Amalthée. Devenu grand, Jupiter s'empara du trône de Saturne, et se vit maître du ciel et de la terre. Il partagea la succession de son père avec ses frères, se réserva le ciel, donna l'empire des eaux à Neptune, et celui des enfers à Pluton. Les poëtes et les peintres représentent Jupiter assis sur les nues, et porté par un aigle; ou sur un trône éclatant, plus élevé que ceux des autres immortels, l'aigle à son côté, ébranlant tout l'Olympe d'un seul signe de tête, et tenant dans sa main la foudre qui effraye les coupables.

CAROLINE. Quel attelage! quoi! les

paons font ici les fonctions des chevaux !

ÉLISE. Ne ris pas, ma sœur , tu vois la reine des dieux , la sœur et la femme de Jupiter, la redoutable Junon , fille de Saturne et de Rhée. Elle était d'un orgueil et d'une fierté insupportables ; naturellement méchante , implacable dans ses haînes et dans ses vengeances , elle joignait à tous ces défauts la jalousie la plus furieuse ; elle faisait épier son époux par le vigilant Argus qui avait cent yeux, dont la moitié veillait et l'autre moitié dormait tour-à-tour. Mercure débarrassa Jupiter de ce surveillant incommode en le tuant après l'avoir endormi au son de sa flûte. Junon le métamorphosa en paon , et le prit sous sa protection. Le paon que la déesse tient à ses côtés, est Argus, et les taches brillantes que tu vois sur la queue de l'animal, sont les cent yeux de cet espion. Les nuages qui marchent devant la reine des dieux, et le sceptre qu'elle a à sa main, annoncent qu'elle est la souveraine de l'air.

CAROLINE. Je n'aime pas Junon; je l'abandonne pour connaître cet élégant musicien qui joue de la lyre au milieu d'une troupe de vierges attentives à l'harmonie de ses accens.

CLÉMENTINE. C'est Apollon, fils de Jupiter et de Latone, et frère de Diane. On l'appelait Phœbus au ciel, parce qu'il conduisait le char du soleil, et Apollon sur la terre. On le représente ordinairement avec une couronne de laurier, tenant en sa main une lyre, et auprès de lui des instruments pour les arts, pour indiquer qu'on le regardait comme le dieu de la poésie, de la médecine, de la musique et des arts ; ou sur un char porté sur des nuages et tiré par quatre chevaux. Il était le chef des neuf muses, filles de Jupiter et de Mnémosyme, déesse de la mémoire : ce sont elles qui l'entourent. Celle qui a l'air si majestueux, qui est couronnée de lauriers et parée de guirlandes de fleurs, qui tient dans la main droite une trompette, est *Calliope*; elle préside à l'éloquence et à la poésie héroïque; aussi voit-on auprès d'elle des trophées d'armes.

Celle qui tient d'une main une massue, et dans l'autre un poignard, est Melpomène, muse de la tragédie. La chaussure qu'elle porte, s'appelle cothurne, et la robe superbe qui la pare, désigne la gravité du Poëme, qui est sous sa protection.

Sa voisine a l'air plus agréable, et la malignité est peinte sur sa figure ; aussi est-ce Thalie, muse de la comédie. Elle est couronnée de lierre et chaussée de brodequins ; ce masque qu'elle tient de la main droite indique la comédie de caractère, c'est-à-dire celle où l'on représente les passions humaines ou les mœurs déréglées, dans l'intention de les corriger en les ridiculisant ; on la peint aussi avec un bâton courbé, qui est la houlette des anciens, et qui désigne la comédie pastorale, où l'on imite la vie paisible et l'innocence des bergers.

Cette autre est Polymnie, qui préside à la rhétorique. Elle est vêtue de blanc, pour marquer la pureté du langage, et couronnée de perles, pour signifier les grâces et les figures qui doivent orner les discours. Elle

a la main droite en action pour ha-
ranguer, parce qu'elle est en même
temps la déesse de la déclamation
ou de l'éloquence des gestes et du
maintien, qui quelquefois est aussi
forte, aussi touchante que celle de la
parole ; enfin elle tient un sceptre
dans sa main gauche, parce que l'éloquence est la reine des cœurs, qu'elle
dompte à son gré.

Auprès d'elle, cette vierge enjouée,
couronnée de myrte et de rose, est
Erato. Elle tient une lyre, parce qu'elle
préside à la poésie lyrique.

Euterpe, déesse de la musique et
de la poésie pastorale, tient, comme
tu vois, un livre de musique et une
houlette. Elle est couronnée de fleurs
pour marquer la beauté des cam-
pagnes ; une lyre est à ses pieds, et
elle joue de la flûte et du hautbois,

(223)

parce qu'elle inventa ces instrumens.

Cette autre dont l'air est pensif, et qui porte une couronne d'étoiles, est Uranie, muse de l'astronomie. Elle mesure un globe céleste d'une main, et de l'autre elle paraît démontrer ce qui est tracé sur ce globe. Toutes ces figures qui sont à ces pieds sont les instrumens de mathématiques.

Celle qui est couronnée de laurier, et qui d'un air inspiré écrit sur un livre, est Clio, qui préside à l'histoire, et qui raconte aux races futures les actions célèbres et les événemens mémorables.

Enfin cette dernière qui paraît si légère, qui est couronnée de fleurs, et qui a une harpe entre les mains, avec toutes sortes d'instrumens de musique autour d'elle, est *Terpsichore*, qui préside à la danse.

M. Dablainville. En voilà assez sur le dieu du jour et sur les muses; passons à cette belle chasseuse qui a un croissant sur le front, et qui porte, d'un air si martial, son arc et son carquois.

Elise. C'est Diane, sœur d'Apollon, déesse des forêts et de la chasse. Elle préféra le séjour des bois à celui de l'Olympe. Elle avait trois fonctions différentes, et autant de noms différens. Lorsque dans le ciel elle réfléchissait durant la nuit la lumière du soleil, on l'appelait *Phœbé;* lorsqu'elle faisait retentir les enfers de ses hurlemens, on la nommait Hécate, et alors on la représentait sous une figure de femme, avec trois têtes, une de cheval à droite, une de chien à gauche, et entre deux celle d'un gros paysan ou d'un sanglier : mais lorsque sur la terre elle poursuivait les timides chevreuils , elle prenait le nom de Diane : un carquois, un arc , des flèches et un croissant, for-maient alors sa parure.

Dans la statue qui suit, tu vois Bacchus, fils de Jupiter et de Sémélé, et dieu du vin. On le représente en jeune homme , avec un teint vermeil et un air de gaîté, pour marquer que le vin rend la vivacité de la jeunesse. Il tient un thyrse à la main, c'est-à-dire une baguette entourée de pampres, de lierre, et surmontée d'une pomme de pin. Sa tête, qui est toujours cou-ronnée de pampres , est quelquefois couverte de deux cornes , parce que dans tous ses voyages il se revêtait de la peau d'un bouc. Son char est traîné par des tigres , des lynx et des pan-thères , pour montrer que le vin ins-

pire souvent la fureur et la brutalité.
Autour de lui sont des tonneaux, des
vignes , des cuves pleines , parce
qu'on lui attribue d'avoir planté la
vigne.

Caroline. Voici un personnage qui
a des aîles à la tête et aux talons, et
qui paraît vouloir s'élancer dans les
airs. C'est au moins un messager?

Alexandre. Aussi est-ce le messager des dieux de l'Olympe, leur con-
fident, leur procureur; on le nomme
Mercure : il était fils de Jupiter et
de Maïa. Il menait les intrigues, trai-
tait les affaires de guerre et de paix ,
présidait aux jeux et aux assemblées,
répondait aux harangues publiques,
et pour cette raison était regardé
comme le dieu de l'éloquence : aussi
le représente-t-on quelquefois avec
des chaînes d'or qui lui sortent de la

bouche, et par lesquelles il semble enchaîner ses auditeurs. Il inventa l'art de vendre par poids et par mesure, ce qui porta les marchands à le prendre pour patron. Enfin Mercure était le dieu des voleurs, parce qu'il aidait à voler et qu'il avait donné, en ce genre, des preuves de son talent. Il tient à la main un caducée ou baguette, surmontée de deux ailerons, et autour de laquelle sont entortillés deux serpens en forme d'arc : les aîles sont le symbole de la rapidité de l'éloquence ; et les serpens, de la discrétion et de la prudence nécessaires à ceux qui se mêlent d'intrigue.

M. Dablainville. Quelle est cette déesse dont le char est traîné par des colombes?

Clémentine. C'est Vénus ou Cypris.

déesse de la beauté : on prétend qu'elle est sortie du sein de la mer. On la représente ordinairement avec Cupidon ou l'Amour, son fils, dieu des plaisirs, sur un char traîné par des pigeons, ou par des cygnes, ou par des moineaux, et quelquefois montée sur un bouc. La ceinture dont elle est parée, est ce qu'on appelait le ceste, tissu merveilleux, qui renfermait tous les attraits, tout ce que les grâces ont de plus séduisant, et qu'il suffisait de porter pour se faire aimer.

CAROLINE. Ah ! quelle affreuse figure ! quoi ! cet homme tout contrefait, et qui, avec son marteau et son bonnet, a l'air d'un forgeron, est-il aussi un dieu ?

ALEXANDRE. Sans doute, c'est Vulcain, l'époux de Vénus.

Caroline. O le vilain mari qu'elle avait là !

Alexandre. Il était fils de Jupiter et de Junon. Son père le précipita du ciel au moment de sa naissance, à cause de sa difformité. Vulcain se cassa la jambe en tombant, et demeura boîteux. Ses fonctions étaient de fournir des foudres à Jupiter. Les Cyclopes, ses forgerons, géants qui n'avaient qu'un œil au milieu du front, travaillaient continuellement avec lui.

Mme. Dablainville. Laissons ces hommes hideux, et voyons cette femme majestueuse, vêtue en guerrière.

Elise. C'est Minerve, autrement Pallas, déesse de la sagesse, de la guerre et des arts, et fille de Jupiter. On la représente avec le casque sur

(230)

la tête, l'égide au bras, tenant une lance comme déesse de la guerre, et ayant auprès d'elle une chouette et divers instrumens de mathématiques, comme déesse des sciences et des arts.

Mme. DABLAINVILLE. Quelle est cette autre guerrière, les yeux étincelans, les cheveux épars, et tenant un fléau ou une verge teinte de sang?

ALEXANDRE. C'est Bellone, sœur de Mars. On la représente ainsi, parce qu'elle présidait à la guerre.

CAROLINE. Il paraît que nous en sommes aux divinités des combats, car voici encore un homme armé de toutes pièces, et qui a un coq auprès de lui : qu'il a l'air terrible! On dirait, en montant sur son char, qu'il ne respire que le carnage.

ALEXANDRE. C'est Mars, le dieu des

combats et le frère de Bellone. Le coq était l'oiseau favori de Mars, pour montrer la vigilance que demande le métier de la guerre.

CAROLINE. Ces dieux-là me font trembler. Est-ce que cette femme, couronnée d'épis, qui tient d'une main une faucille, et de l'autre une poignée d'épis mêlés de pavots, est leur compagne?

ELISE. C'est Cérès, déesse des moissons. Elle dut le jour à Saturne et à Rhée : elle enseigna l'agriculture aux mortels : c'est pour cette raison qu'on la représente comme tu la vois.

CAROLINE. Je crois que nous ne sortirons pas d'avec les dieux méchans, car en voici un dont la figure est bien rébarbative.

ELISE. C'est Pluton, dieu des enfers et frère de Jupiter. Comme il

régnait sur les morts, la nature de
cet empire inspirait une si grande
aversion pour lui, qu'il ne pouvait
trouver de femme ; ce qui le détermina à enlever Proserpine, fille de
Cérès. Cette déesse, devenue reine
des enfers, est à côté de son époux,
tenant un sceptre, signe de sa puissance. Les attributs de Pluton sont
une couronne d'ébène sur la tête, un
trident ou fourche qu'il tient de la
main droite, et des clefs qu'il porte
de la gauche. On le représente quelquefois monté sur un char traîné par
quatre chevaux noirs qui lancent des
feux par leurs bouches et par leurs
naseaux.

Cet aveugle que tu aperçois derrière les deux divinités, et qui tient
une bourse remplie d'argent dans ses
mains, est Plutus, dieu des richesses.

On le représente privé de la vue, pour indiquer que les richesses deviennent indifféremment le partage des bons et des méchans.

Caroline. Nous tombons de prodige en prodige : tout-à-l'heure nous avons vu des chars traînés par des paons et par des colombes ; en voici un maintenant qui roule sur l'onde comme sur la terre ferme.

Clémentine. Celui que tu remarques debout sur ce char, et qui a pour sceptre un trident, est Neptune, fils de Saturne et de Rhée, et souverain des ondes. Son char, qui paraît effleurer à peine la surface des eaux, est une conque, espèce de coquille d'une blancheur plus éclatante que l'ivoire, soutenue sur des roues d'or. Les chevaux marins qui le traînent, plus blancs que la neige, fendent l'onde salée, et laissent loin derrière eux un vaste sillon dans la mer : leurs yeux sont enflammés, et leurs bouches fumantes. A côté de ce char, tu vois celui d'Amphitrite , son épouse, fille de l'Océan ; il est traîné par deux dauphins. Ces personnages, moitié hommes et moitié poissons, qui nagent devant les deux chars, sont les Tritons , enfans de Neptune et d'Amphitrite. Ils composent la garde de leurs parens. Les uns font retentir leurs conques recourbées, qui leur servent de trompettes ; les autres conduisent les chevaux et tiennent les rênes dorées. Ces autres , moitié femmes et moitié poissons, qui vont derrière , sont les Néréides, nymphes de la mer.

Comme les enfans voulaient continuer, M. Dablainville les arrêta. C'en est assez, leur dit-il, je craindrais de devenir importun en prolongeant davantage une séance qui n'a déjà duré que trop longtemps ; je vais remercier le sculpteur ; cependant prenez toujours les devans, et rendez-vous chez le

MARCHAND DE TABLEAUX.

Je vous y rejoindrai dans quelques minutes.

La petite Caroline, qui avait pris goût à la mythologie, et que sa leçon avait fort amusée, ne vit pas sans quelque déplaisir en interrompre le cours. Quel dommage, chère maman, dit-elle à madame Dablainville, j'étais en si beau chemin ! je crois que si nous avions été jusqu'à la fin de la galerie, une seule leçon m'aurait suffi pour être instruite de toute l'histoire fabuleuse.

Mme. DABLAINVILLE. Tu la reprendras, ma bonne amie, chez le marchand de tableaux, où je ne doute pas que nous ne trouvions des peintures représentant des sujets mythologiques. Mais voyons d'abord ce que furent les commencemens de l'art de la peinture, et comment il est parvenu au point où il est aujourd'hui.

ALEXANDRE ET SES DEUX SŒURS AÎNÉES. Vous nous avez prévenus, maman, car nous allions vous prier de nous le dire.

Mme. DABLAINVILLE. La peinture doit avoir été presque aussi ancienne que la sculpture, puisque toutes deux ont le dessin pour base. Elle a eu, comme tous les autres arts, des commencemens grossiers et imparfaits. On ne peut rien dire de positif sur son origine, parce qu'elle se perd dans la nuit des temps, et qu'à l'envi les uns des autres, les Egyptiens et les Grecs prétendent en avoir été les inventeurs. Mais ceux-ci ont porté les arts à un tel degré de perfection, que c'est ordinairement chez eux que nous allons en chercher l'origine; il semble qu'il n'y ait rien au-delà. La peinture n'existait point du temps d'Homère; au moins ce poëte ne parle point de cet art, tandis qu'il indique la sculpture; et généralement la sculpture fut toujours plus cultivée que la peinture chez les Grecs. Pausanias ne cite que quatre-vingt-huit peintures et quarante-trois portraits, et il décrit deux mille huit cent vingt-sept statues. Sycione et Corinthe se disputaient la gloire d'a-

voir inventé la peinture. Elle ne con-
sista d'abord que dans le dessin des
contours ; c'est ce qu'on appelle la
peinture linéaire ; Cléanthès de Corinthe passe pour en être l'inventeur ; selon d'autres, Philoclès l'É-
gyptien a cet honneur. Dans la suite,
on introduisit dans ces contours
d'autres lignes ou des hachures. Les
uns attribuent ce perfectionnement
à Téléphanes de Sycione ; les autres
à Cordices de Corinthe. On fit encore
un pas, et on remplit ces contours
d'une seule couleur; c'est ce qu'on
appelait *monochrome* : on attribue
cette découverte à Cléophantès de
Corinthe. Eumarus fut le premier
qui fit distinguer le sexe. Cimon de
Cléone indiqua les muscles et les
veines ; il perfectionna aussi le dessin
des membres et des draperies, il fit

obliquer les figures, que l'on faisait
toujours droites, et varia les attitudes, en les faisant regarder de
profil ou derrière. Avant Cimon,
tout était informe dans la peinture ;
les figures, vues de profil, ne se pré-
sentaient que sous un seul aspect :
les habillemens étaient exprimés tout
aussi simplement ; une draperie n'était
qu'un morceau d'étoffe qui n'offrait
qu'une surface unie ; entre les mains
de Cimon, cette draperie prit un caractère : il s'y forma des plis, et l'on
aperçut dessous le relief du corps.
Le premier tableau dont il soit ques-
tion dans les auteurs anciens, est
celui de la bataille des *Magnésiens*, en
Lydie ; il fut exécuté par Bularchus,
et acheté au poids de l'or par Can-
daule, roi de Lydie. Il a été fait
avant la dix-huitième olympiade. De-

puis Bularchus, il y a une lacune très-considérable dans l'histoire de la peinture ; elle est d'environ deux siècles et demi. Phidias, célèbre statuaire et peintre en même temps, vivait 445 ans avant notre ère. Son frère Panœnus, était regardé comme le meilleur peintre de son temps : ce fut lui qui peignit la bataille de Marathon, qui ornait le pracile d'Athènes. L'art avait fait de grands progrès à cette époque ; Polignote et Mycon, contemporains de Panœnus, contribuèrent beaucoup à ses progrès ; mais il paraît que l'époque de la plus grande splendeur de la peinture ne commença que vers la quatre-vingt - quatorzième olympiade, et l'on trouve, à la tête des peintres célèbres qui préparèrent cette perfection, Apollodore, d'Athènes : il fut le premier qui sût donner à ses tableaux le mérite du clair obscur. Zeuxis d'Héraclée et Parrhasius d'Ephèse, qui vivaient environ 400 ans avant J.-C., continuèrent ce qu'Apollodore avait si bien commencé.

ALEXANDRE. Ces deux peintres devaient être d'un grand mérite, si l'on en croit l'anecdote suivante qu'on rapporte sur leur compte. Zeuxis et Parrhasius, épris d'une noble émulation, entrèrent un jour en lice, et se disputèrent le prix proposé à leurs rares talens. Zeuxis parut le premier, avec un tableau qui représentait un enfant portant une corbeille de raisins. Ces fruits étaient rendus avec tant de vérité, que les oiseaux s'y trompèrent et s'approchèrent pour les becqueter. Parrhasius vint ensuite; il avait peint sur

son tableau un rideau : son rival,
fier du suffrage des oiseaux, se flat-
tait déjà de la victoire. « Tirez votre
rideau, lui dit-il, d'un ton qu'ani-
mait l'amour-propre ; voyons votre
ouvrage. — Tirez-le vous-même,
reprend tranquillement Parrhasius,
et jugez. » Zeuxis s'approche, il
porte la main sur le tableau ; mais
quelle est sa surprise, lorsqu'au lieu
d'un rideau il ne trouve que des
couleurs ! Il s'avoue vaincu ; et trouvant moins difficile de tromper des
oiseaux que les yeux d'un peintre, il
rend, le premier, hommage au triomphe de son antagoniste.

Mme. DABLAINVILLE. Je loue ta mémoire, mon fils ; et je ne suis pas fâ-
chée que tu aies égayé par une anecdote
instructive et amusante le sujet sérieux
que je traite. Je te ferai pourtant un

petit reproche, c'est de m'avoir interrompue sans m'en demander la permission. Souviens-toi qu'il n'est jamais honnête de couper la parole aux personnes qui parlent. Je continue : Enfin Appelle parut, et surpassa tous les peintres qui l'avaient précédé. Il réunit dans ses ouvrages ce qui constitue le beau par excellence, la simplicité et la grâce. Alexandre le crut seul digne de faire son portrait.

La peinture passa de la Grèce à Rome, mais ne s'y fit remarquer par aucun progrès ; elle dégénéra sous les empereurs ; et il n'en resta, pour ainsi parler, qu'un souvenir dans la Grèce, qui faisait partie du vaste empire romain. Ce fut en Italie, dans le cours du treizième siècle, qu'elle commença à reparaître par les soins du fameux Cilnabue, qui, vers l'an 1270, retira d'entre les mains de certains Grecs les déplorables restes de cet art, et fit à Florence des élèves, par lesquels le goût des arts, du dessin, de la peinture et de la sculpture, s'est développé, s'est propagé en Italie, et de là dans toute l'Europe. Les plus distingués furent Ghirlaudias, le maître de Michel-Ange; Pietro Perugino, le maître de Raphaël-Urbino, et Andrea Verrachio, le maître de Léonard de Vinci. Michel-Ange fonda l'école de Florence. Raphaël, celle de Rome; et Léonard de Vinci, celle de Milan. Le Georgione et le Titien ont fondé celle de Lombardie, qui ne s'est pas acquis moins de réputation que les autres. La Hollande a eu aussi une école, qui a produit des peintres fameux, parmi lesquels on distingue Vandick, Teniers, etc.

L'Angleterre, a donné naissance à Guillaume Hogarth;

L'Espagne, à don Diégo de Vélasquez.

Et l'Allemagne, à Raphael Mengs.

La France n'est pas demeurée en arrière ; et l'école de Paris, fondée par Louis XIV, s'enorgueillit des Poussin, de Lesueur, des Lebrun, des Valentin, des Lorrain, et, de nos jours, des David et des Girodet. Heureux génies qui ont su transporter dans leurs chefs-d'œuvre la vérité, les grâces et les richesses de la nature, dont la réputation s'est répandue dans toute l'Europe, et que les siècles futurs regarderont comme des prodiges de l'art de la peinture.

M. Dablainville étant survenu en ce moment, son épouse le pria d'achever ce qu'elle avait encore à dire sur les différens genres de peinture.

M. Dablainville. Les matières les plus ordinaires sur lesquelles on peut peindre, sont la toile, le bois, l'or, le cuivre, le vélin, l'ivoire et le papier. On peint aussi sur l'émail, sur la porcelaine, sur la faïence; mais ces sortes de peintures ne s'exécutent que par le secours du feu.

On distingue plusieurs espèces de peintures : la peinture en détrempe, celle à fresque, celle à l'huile, en miniature, en mosaïque, en pastel et en camayeu.

La peinture en détrempe était la seule connue des anciens; les couleurs n'y sont détrempées qu'avec de l'eau et un peu de gomme ou de colle.

La peinture à fresque se travaille sur une muraille fraîchement enduite de mortier, de chaux et de sable. Les couleurs en sont détrempées avec de l'eau, et il n'y a que les terres et les couleurs qui ont passé par le feu qui puissent y être employées.

La peinture à l'huile est celle dont les couleurs sont toutes détrempées et broyées avec l'huile de noix. Elle était inconnue aux anciens qui ne se servaient que de la détrempe ou d'un enduit de cire que l'on appelait *peinture à l'encaustique*. On attribue communément l'invention de la peinture à l'huile à Jean Van Eyk, plus connu sous le nom de Jean de Bruges, qui a vécu au commencement du XVe siècle. Van Eyk confia son secret à un certain Antonello, un Antoine de Messine, qui passa de Flandres à Venise, où il faisait valoir cette découverte, qu'il tenait cependant toujours tres-cachée. Jean Bellin, peintre en réputation et son contemporain, brûlant du désir de savoir comment Antoine donnait tant de force, d'union et de douceur à sa peinture, s'habilla en noble vénitien, et alla trouver Antoine pour faire peindre son portrait. Le peintre, déguisé sous les dehors d'un homme opulent, trompa son confrère, qui agit devant lui avec trop de confiance et sans précaution. Jean Bellin, instruit du nouveau procédé, en profita, et c'est ainsi que cette invention fut connue de tous les peintres.

La peinture en miniature ressemble beaucoup à la détrempe, car on y emploie les mêmes couleurs qu'en détrempe avec de la gomme arabique fondue avec de l'eau claire. Cette sorte de peinture se finit à la pointe du pinceau et en pointillant seulement. Il n'y a point de peinture où l'on puisse terminer davantage que dans celle-ci, à cause de la facilité que les points donnent d'unir ensemble les différentes teintes, de les fondre et de les attendrir.

La peinture en mosaïque est composée de plusieurs petites pierres, ou de plusieurs petites pièces de verres de différentes couleurs, par l'arrangement desquelles on fait des figures, des arabesques (1), et divers autres

-----

(1) Ornemens qui consistent en rameaux et en feuillages faits de caprice. Ce genre de peinture vient des Arabes et autres mahométans qui, ne pouvant représenter des figures d'hommes ou d'animaux proscrites par Mahomet, n'emploient que ces sortes d'ornemens.

ornemens. Les ouvrages de mosaïque sont fort anciens. Les Perses passent pour en être les inventeurs. Le plus grand morceau de mosaïque ancienne que nous possédions, est celui du temple de la Fortune à Præneste, aujourd'hui Palestrine, qui représente une carte géographique de l'Égypte. Apollonius, Taffi, Gaddo-Gaddi et Giotto, tous quatre Italiens, se sont le plus distingués parmi les modernes, dans ce genre, qui demande une grande patience.

Les camayeux sont des espèces de peinture d'une ou de deux couleurs seulement, sur des fonds de couleur et quelquefois dorés.

L'émail est une composition de verre calciné, de sel, de métaux que l'on applique avec le feu sur des ouvrages de terre, de cuivre, d'or et d'argent. L'art d'émailler paraît avoir été connu des anciens. Les briques dont les murs de Babylone furent construits, étaient, disent certains historiens, des briques émaillées, dont les émaux représentaient différentes figures.

Ce fut dans le temps de *Raphaël* et de *Michel-Ange* que cet art fit de grands progrès à Faënza, à Castel-Durante, et dans le duché d'Urbin. Les émaux y brillèrent cependant encore plus par le dessin que par le coloris. On ne s'y servait que du blanc et du noir, avec quelques teintes légères de carnation au visage et à d'autres parties. Enfin, en 1632, un orfèvre de Châteaudun, nommé Jean Toutin, parvint à trouver des couleurs métalliques auxquelles il mêla des fondans ; il les appliqua sur un fond émaillé d'une seule couleur, et les exposa au feu pour les parfondre : son expérience lui réussit. Il eut pour disciple un nommé Gribalin. Ces deux peintres initièrent dans leur secret une infinité d'autres peintres qui formèrent eux-mêmes des élèves. Robert Vouquer, de Blois, l'un de ces derniers, s'immortalisa par ses ouvrages, véritables chefs-d'œuvre de l'art.

Si M. et madame Dablainville ne s'étaient pas attendus à trouver chez le marchand une collection nombreuse de tableaux de grand prix, tout du moins ils espéraient y en trouver quelques-uns ; ils furent donc grandement désappointés, après avoir, en arrivant, parcouru la boutique des yeux, de n'apercevoir que des copies de la plus extrême médiocrité.

« Ce serait vouloir perdre notre
» temps, observa sur - le - champ
» M. Dablainville, que de nous arrê-
» ter ici ; rien n'y est digne de nos
» regards : ce que nous avons de
» mieux à faire, c'est de nous en
» aller bien vite. »

Ils sortirent en effet, non sans
quelqu'opposition de la part de la
petite Caroline, qui voyait par-là sa
seconde leçon de mythologie perdue ;
mais on n'y eut point égard.

Dès qu'on fut dehors, M. Dablainville prenant la parole : Nous n'avons
plus qu'un marchand à visiter, dit-il,
et c'est

L'HORLOGER.

Je l'ai réservé pour le dernier, par la
raison que vous allez connaître : vous
êtes tous quatre de charmans enfans ;

nous sommes, votre maman et moi, très-contens des progrès que vous faites dans vos études, et nous avons résolu de vous en témoigner notre satisfaction, en vous faisant à chacun cadeau d'une montre. J'exige, cependant, comme condition expresse, avant de vous en mettre en possession, que vous répondiez exactement aux diverses questions que je vous adresserai sur l'art de l'horlogerie; j'en dispense toutefois Caroline, à cause de sa grande jeunesse.

Caroline. Je vous supplie, papa, de ne point faire de distinction pour moi.

Mme. Dablainville. Quoi, petite, tu veux aussi entrer en lice? mais songe donc qu'il y va pour toi de la perte d'une montre, si tu ne réponds pas bien.

CAROLINE. Je le sais , maman , et c'est précisément par cela même que je désire être interrogée: je veux gagner la montre ou ne pas l'avoir.

M. DABLAINVILLE. Bien, ma Caroline; j'aime à te voir cet amour-propre , en pareil cas il ne mésied jamais. Mais commençons : Alexandre, comment les anciens suppléaient-ils aux horloges, car je crois que l'art de l'horlogerie est d'invention moderne?

ALEXANDRE. Toute la connaissance que les anciens pouvaient avoir pour mesurer le temps était bornée aux cadrans solaires , aux clepsydres ou horloges d'eau , et aux sabliers ou horloges de sable. Il paraît que l'art de tracer un gnomon ou horloge so-laire, est dû aux Babyloniens ou aux Phéniciens, peuple commerçant et navigateur, qui a dû de bonne heure sentir la nécessité de mesurer le temps avec quelqu'exactitude. Cette invention et la division du jour en douze heures passèrent par la suite aux Grecs, qui, à une autre époque, les communiquèrent aux Romains. Comme il était utile de rendre général le bienfait de pareilles inventions, on érigea sur les places publiques des colonnes ou d'autres édifices, sur lesquels l'ombre projetée indiquait l'heure de la journée. Ce fut l'astronome chaldéen Bérosus, qui vivait vers l'an 640 avant J.-C. , qui apporta le premier aux Grecs l'art de diviser le jour en douze heures, et celui de construire des cadrans solaires. Anaximandre, environ un demi-siècle après, appliqua au gnomon ou cadran solaire l'aiguille qui sert à désigner les heures. Cet instrument encore perfectionné reçut le nom *d'ho-roscopion* ou *horologion*. L'utilité des cadrans solaires fit qu'on imagina d'en faire de portatifs. Mais comme ces inventions n'étaient bonnes que pour le jour, et encore quand le soleil n'était point voilé par les nuages, il fallut avoir recours à d'autres ins-trumens pour mesurer le temps pendant la nuit et les jours où le soleil ne paraissait pas ; on inventa la *clepsydre* et le sablier.

M. Dablainville. Qu'est-ce qu'une clepsydre, Clémentine ?

Clémentine. La clepsydre est une horloge mise en mouvement par le moyen de l'eau. La clepsydre des anciens était une machine fort grossière et peu juste, dont toute l'industrie consistait à faire nager sur l'eau un petit vaisseau en forme de bateau, garni d'une verge qui marquait en montant, à mesure que l'eau tombait d'un autre grand vaisseau, les espaces des heures sur une règle qui lui était opposée. Ces machines ont été beaucoup perfectionnées depuis. On y applique des sonneries et des mouvemens mécaniques, mis en jeu par la chute de l'eau plus ou moins précipitée. On leur donne telle forme et figure que l'on veut, pourvu que l'on conserve les pièces essentielles, qui sont les tambours, d'un mouvement lent, prompt et mixte. On peut aussi, au lieu du timbre, faire chanter un coucou ou autre oiseau, en y ajoutant un petit soufflet qui se lève à la place du marteau. Les clepsydres ne sont pas d'une précision si juste et si réglée que nos pendules, parce qu'en général la vîtesse des écoulemens dépend d'une infinité de circonstances qu'il est impossible de prévoir et de calculer.

M. Dablainville. Je crois, ma petite Caroline, que tu as vu des sabliers ; tu pourras nous dire comment ils sont faits.

Caroline. Cette horloge est de verre, composée de deux fioles ; on met du sable dans la fiole supérieure, et ce sable, en tombant dans la fiole inférieure, marque un certain espace de temps, tel qu'une demi-heure ou une heure.

M. Dablainville. A quelle époque, Elise, rapporte-t-on l'invention de nos horloges?

Elise. Ce ne fut que dans le XIIIe ou XIVe. siècle que l'on imagina de faire des horloges à roues dentées; un poids attaché à la grande roue,

faisait aller tout le reste du rouage ;
un cadran divisé en douze parties
égales , avec une aiguille portée sur
l'axe d'une roue , indiquait le temps
en marquant douze heures à midi ,
et en faisant deux tours de cadran
d'un midi à l'autre. Par la suite, des
ouvriers adroits et intelligens en-
chérirent sur cette découverte , en y
ajoutant un rouage qui correspondit
à un marteau destiné à frapper sur
un timbre sonore les heures indiquées
sur le cadran : de sorte que par le
moyen de cette addition on put
savoir les heures de la nuit sans le
secours de la lumière ; ce qui devint
d'une très grande utilité , principalement pour les monastères ; car avant
l'invention de ces horloges, il fallait
que les religieux préposassent des
gens pour observer les étoiles pen-

dant la nuit , afin d'être avertis des heures de leurs offices.

M. Dablainville. En quelles années et en quels pays ont paru les premières horloges construites sur les principes de la mécanique?

Alexandre. La première dont l'histoire fasse mention , est celle de Richard Waligford, abbé de Saint-Alban en Angleterre , qui vivait en 1326. La seconde est celle que Jacques de Dandis fit faire à Padoue en 1344 : on y voyait le cours du soleil et des planètes. La troisième est l'horloge du Palais à Paris, exécutée en 1370 par *Henri de Vic* , que Charles V fit venir d'Allemagne.

Peu à peu toutes les villes les plus considérables de l'Europe eurent des horloges ornées et enrichies de différentes machines, et de singularités quelquefois assez baroques.

M. Darlainville. Les pendules et les montres ne suivirent-elles pas de près les horloges de gros volume?

Clémentine. Non : il fallut **deux** siècles pour amener les artistes à en construire de plus petites à l'usage des appartemens, en forme de pendules, et enfin à faire des horloges portatives auxquelles on a donné le nom de montres. On prétend que les premières montres furent faites à Nuremberg, par un certain Pierre Hèle, et qu'on les appela *œufs de Nuremberg,* à cause de la forme ovale qu'on leur donna d'abord. Dans les premiers temps elles étaient d'une grandeur peu commode, relativement au gousset dans lequel elles doivent être portées ; mais dans la suite, elles ont été rappetissées au point qu'on en a fait dans des pommes de canne, dans des boutons d'éventail, et même dans des bagues dont la grandeur n'excède pas celle d'une pièce d'un demi-franc.

M. Dablainville. Je ne veux pas, mes enfans, exposer votre mémoire à être en défaut en la mettant à une plus longue épreuve, quoique je sois persuadé que je n'y parviendrais pas ; ainsi je vais achever ce que vous avez commencé.

Les artistes anglais sont les premiers qui par des ouvrages d'horlogerie, conduits avec génie et exécutés avec précision, se sont acquis une réputation générale en Europe. Mais depuis que le célèbre Sully, l'un d'entre eux, qui s'établit à Paris pendant la minorité de Louis XV , eut communiqué ses idées aux plus habiles artistes de cette capitale , cet art y a acquis une telle perfection , que , de l'aveu de tous les vrais connaisseurs , les artistes du premier ordre qui se distinguent aujourd'hui à Paris , l'emportent beaucoup sur les horlogers anglais , tant par la bonté que par la propreté de leurs ouvrages ; ils y mettent un goût qui n'est propre qu'à la nation française , et que les Anglais n'atteignent jamais ou n'imitent que très-mal. Thiout, Dutertre, Lebon, Gourdins, Charots, ont été les premiers qui , en suivant les principes de Sully, ont rectifié les pendules et les montres faites à Paris. Enfin , Julien Leroi, Berthoud , Lepaute , Rivas et plusieurs autres célèbres artistes ont donné à cet art le degré de la plus grande perfection.

Il y a des pendules simples, des pendules à sonnerie, des pendules à réveil, des pendules à équation. Les pendules simples ne marquent que les heures, les minutes et quelquefois les secondes ; elles sont renfermées dans une boîte dont la hauteur est ordinairement de cinq pieds six pouces : les pendules à sonnerie sonnent l'heure marquée par l'aiguille et la demie d'un seul coup ; les pendules à répétition, moyennant un cordon qu'on tire à volonté, battent l'heure, la demie et les quarts ; celles à réveil font à l'heure qu'on choisit, un bruit assez grand pour réveiller la personne à portée de l'entendre ; les pendules à équation marquent le temps qu'une pendule parfaitement bien exécutée doit marquer, c'est-à-dire les vingt-quatre heures juste d'un midi à l'autre, ce qu'on appelle le temps moyen, et elles font en même temps la différence de celui que le soleil parcourt d'un midi à l'autre, qui est le temps vrai. Toutes ces sortes de pendules marchent ordinairement huit jours sans être montées ; on en fait d'autres qui vont quinze jours, un mois, trois mois, six mois, aussi une année entière. Il se fait même des pendules qui une fois montées, ne se remontent jamais, et vont toujours ; mais pour cela, elles ne sont pas des mouvemens perpétuels, puisqu'une cause extrinsèque (savoir l'air et le vent, secrètement introduits dans un corps séparé de la machine) fait remonter le poids.

Il y a des montres à secondes, qui marquent les secondes par deux mouvemens; des montres à répétition, qui, par le moyen d'un poussoir adapté au sommet de la montre, frappent l'heure qui est indiquée par l'aiguille du cadran, et les quarts ensuite, à deux coups chacun; enfin des montres à trois parties, ce sont celles qui d'elles-mêmes répètent à chaque quart-d'heure l'heure et le quart correspondant au cadran, et qui en même temps ont la répétition à volonté: elles ont aussi la demi-sonnerie, c'est-à-dire les quarts seuls, lorsqu'on le veut ainsi : on peut enfin, en la mettant au silence, l'empêcher de sonner rien d'elle-même, et ne lui conserver que la répétition. Ces sortes de montres sont d'une exécution très-difficile et très-compliquée.

A cet instant madame Dablainville frappa légèrement sur le bras de son mari : « Vous ne remarquez donc pas, mon ami, lui dit-elle, à mi-voix, que nos enfans ne nous écoutent plus, et que vous parlez à des sourds? L'idée de se voir bientôt possesseurs de montres les absorbe tellement, qu'elle leur tourne la tête et les rend incapables de rien entendre ; hâtez-vous, croyez-moi, de les tirer de leur léthargie.

« A quoi vous occupez-vous donc, mes amis, leur dit M. Dablainville?

— Papa, à contempler les montres de l'horloger.

— Avez-vous déjà fait votre choix ?

— Oui, papa.

— Fort bien. Et c'est ainsi que vous prêtiez attention à ce que je disais? Vous mériteriez, pour vous pu-

nir de votre défaut d'honnêteté , de
ne point avoir de montres.

Ces paroles, prononcées un peu
durement, firent trembler nos enfans ; ils s'attendaient déjà à voir
leurs douces espérances s'évaporer
en fumée : ce qui suivit les rassura.
« Mais non, ajouta M. Dablainville ,
parce que vous m'avez manqué d'é-
gards , ce n'est pas une raison pour
que je manque à ma parole : quand
une fois elle est donnée , on ne doit
plus la rétracter , quelque chose qui
arrive ; telle est la manière de penser
de tout honnête homme. »

Le pauvre horloger semblait si triste,
qu'on jugeait à sa mine qu'il n'avait
encore rien vendu de tout le jour,
et il commençait à se faire tard. Il
ne fallait rien moins qu'une demande
pareille à celle de M. Dablainville

pour ramener le souris sur ses lèvres.
Il présenta avec empressement les
quatre montres qu'on lui indiqua.
On ne fut pas long à s'accorder sur
le prix ; chacun des enfans, au com-
ble de la joie , emporta l'objet de sa
prédilection , et la famille Dablainville reprit le chemin de la maison,
bien satisfait de sa visite au bazar.

FIN.

TABLE

DES MATIÈRES.

FIN DE LA TABLE.

Imprimerie de P. Gueffier, rue Guénégaud, n°. 31.

9 782329 597973